PREFÁCIO DE **DAWNA DE SILVA**

Descobrindo seu Destino Profético

UM GUIA PARA UMA
JORNADA SOBRENATURAL

Andy Frasure

Autor:
Andy Frasure

Tradução:
Juliana Shead
Kesia Schmitt

Revisão:
Rached Cavalcanti

Projeto gráfico, Diagramação e Capa:
Isaías Silveira

Diretor Executivo:
Marcio Ricardo Vargas

Diretor de Operações:
Dênio Lara Jr

Editora Plural
CNPJ 27.400.792/0001-48
editoraplural@outlook.com
Instagram @editoraplural

DESCOBRINDO SEU DESTINO PROFÉTICO
Primeira Edição
Junho 2023
São Paulo/SP
Formato: 155 x 230 mm

DESCOBRINDO SEU
DESTINO PROFÉTICO

As referências bíblicas foram extraídas da
inglês na versão The Passion e traduzidas de
forma livre para o português

Sumário

ENDOSSOS

Em "Descobrindo seu destino profético", o Pastor Andy Frasure nos guia em uma jornada prática e acessível de compreensão à vida profética, trazendo um enfoque especial na cura e transformação de vidas. Com uma vasta experiência na vivência profética, Frasure nos mostra como ouvir, ver e sentir a voz de Deus; e indo mais além, nos ensina a construir comunidades proféticas saudáveis e a lidar com questões de guerra espiritual e disfunção profética na igreja. O grande destaque deste livro é a ênfase na cura e em como a profecia pode ser usada por Deus para trazer transformação em nossas vidas e na vida das pessoas ao nosso redor.

Junior Rostirola
Autor Best Seller - "Café com Deus Pai"
Pastor da Igreja Reviver, Itajaí.

Sem sombra de dúvidas o Andy é uma autoridade para ensinar sobre o profético, não porque ele estudou ou sabe sobre o assunto, mas porque ele vive o profético diariamente, de forma natural, sem ser místico ou forçar a barra! Conheço o Andy desde 2017 e tenho visto a cada ano, e a cada vez que nos encontramos nas agendas de ministérios ou network, ele crescendo em intimidade com Espírito Santo e fluindo de forma mais precisa no profético!

O exemplar irá trazer não só conhecimento ou instrução, mas unção e prática!

Danilo Mesquita
Igreja Vida Bauru
Bauru-Sp

O Dom Profético é uma bênção para os crentes, para o mundo perdido e para o futuro de uma igreja que vai enfrentar a maior pressão cultural, econômica, política e espiritual. Deus fala com seu povo! Ainda que muitos façam uso indevido dessa verdade, ele é absoluto, Deus fala! Deus usa as pessoas, Deus derrama sobre uma geração e sobre uma comunidade uma unção profética para discernir os tempos e estações. Andy Frasure, em sua experiência profética adquirida andando com homens maduros e experimentados na Bethel Church, nos leva a um caminho de conhecimento e experiência prática sobre a vida, a santidade e o chamado de uma pessoa profética. Por ser um Pastor de uma igreja local. Nos chama a vivermos uma comunidade profética preparada para ser uma luz no meio das densas trevas. É mais que um livro sobre profecias, é um ambiente criado no Espírito por um homem que ama ouvir a voz de Deus e tem zelo em transmiti-la à igreja através de uma fonte limpa que é sua própria vida.

Pr. Marcio Martins
Comunidade Vida Plena
São José dos Pinhais

Andy é um amigo que o Senhor me deu, com quem posso aprender muito. Sou fascinado por sua paixão, não apenas por fluir no profético, como também por ativar o corpo de Cristo para o seu funcionamento, fluindo com liberdade, segurança e responsabilidade nos dons, e contribuindo para a edificação do Reino de Deus na Terra.

Ser profético é liberar a perspectiva do eterno, é desafiar as pessoas a enxergar o que Deus enxerga, dizer o que Deus diz, agir a partir da obra consumada por Cristo na Cruz, é algo que anseio por ver a Igreja experimentando, é algo que penso que Deus quer fazer por meio de sua Igreja, por isso o compartilhamento destas ferramentas são muito preciosos para a Igreja de Jesus.

Por isso, boa leitura, certeza que será muito edificado!

Dênio Lara Jr.
Igreja Dínamus
Autor do livro Eles Irão Além de Você

Meu nome é Teresa Liebscher. Sou colíder e fundadora do Ministério Bethel SOZO e fundadora do Ministério Shabar.
Eu conheço Andy desde 2016, desde então tenho sido parte de sua caminhada. Tenho visto seu crescimento e relacionamento com Deus Pai, Jesus e Espírito Santo e como Andy se conecta e o desempenha com zelo.
Eu acredito que a unção profética vem de como conectamos e cuidamos do nosso relacionamento com Deus Pai, Jesus e o Espírito Santo. O que Andy aprendeu sobre o profético dentro de sua jornada de relacionamento com Ele, agora está sendo maravilhoso e lindamente compartilhado neste livro. Aproveite a jornada à frente!

Teresa Liebscher
Co-Fundadora Bethel SOZO
Co-Autora do livro SOZO

Tem sido minha alegria e prazer ver Andy Frasure se desenvolver como um Homem de Deus nos últimos dez anos. As palavras de seu livro nasceram da dor de seu próprio parto espiritual, pois ele respondeu às perguntas que Deus lhe fez naquele processo com respostas honestas e autênticas que, ao longo do tempo, construíram fundamentos para que você desfrute enquanto lê cada página. Sua sabedoria, percepção e autenticidade o ajudarão a desenvolver sua salvação e compreensão de como Deus deseja usá-lo como Sua voz profética no mundo em que vivemos.

Eric Waterbury
Freedom Coach
World Changers, Inc.

PREFÁCIO

Nosso pastor Bill Johnson afirma: "A igreja deve ao mundo uma experiência com nosso Deus". Este tem sido o grito de guerra do meu coração nos últimos trinta anos. Em um mundo de conflito e inquietação, devemos ser a ponte para Jeová Shalom, o Deus da paz. Para as pessoas que lutam contra a depressão, a ansiedade e o medo, temos a oportunidade de apresentá-las Àquele que cuida delas, as ama além da compreensão e troca o luto pela alegria. Eu descobri que uma das maneiras mais rápidas de chamar a atenção do mundo e apontá-lo para Deus é com uma palavra profética.

Acredito, portanto, que é muito importante que aprendamos a crescer em nossa capacidade de ouvir a voz do Pai tanto para nós mesmos quanto para os outros. Para fazer isso, devemos entrar em territórios desconhecidos que envolvem riscos para que possamos aprimorar nossos sentidos para ouvir o que o Pai está dizendo e aprender como traduzir isso em uma mensagem que o mundo possa entender. Precisamos aprender a discernir Sua voz da nossa e das transmissões que o inimigo quer que captemos no lugar das palavras de Deus.

Vamos começar aqui. Ao ler este livro, comece a praticar e aplicar as técnicas nele fornecidas. Obtenha uma revelação diária de Seu amor por você primeiro, então você será capaz de ouvir Seu amor sendo derramado pelos outros. Liberte-se de qualquer medo que você possa ter do que Deus pode realmente dizer a você e permita que seu coração seja tomado por Sua majestade e poder. Ele realmente é um Bom Pai. Não desanime se a princípio você não estiver ouvindo Sua voz. Seja persistente. O progresso está logo à frente. A confiança em quem Ele é e em quem você é Nele será sua recompensa por superar a frustração e o medo de buscar Sua face. Vai valer a pena. Eu sei, por experiência própria, que uma palavra de Deus Pai muda tudo!

Devemos ao mundo uma busca por Sua Presença para captar Seus sons, repetir Suas palavras sobre nós mesmos e depois para aqueles ao nosso redor. Em "Descobrindo seu destino profético", Andy te ajudará a se conectar com Deus Pai e a crescer no discernimento e na compreensão de Seus caminhos. Você foi criado para ter comunhão com Jesus e Seu Espírito está sempre presente para conectá-lo a Ele.

Dawna De Silva
Fundadora e colíder Ministério SOZO - Bethel Church

Autora dos livros:
Sozo: Salvos, Curados, Libertos
Movendo Atmosferas
Sabedoria Para a Batalha
Vencendo o Medo

AGRADECIMENTOS

Quero agradecer primeiramente a minha esposa Késia e ao meu filho Ben Judah. Vocês dois me ensinaram mais sobre a vida e o amor do que aprendi em qualquer outro lugar. Obrigado por me amar, me apoiar e serem aqueles que me encorajam em tudo. Amo vocês!

Aos meus pais, Rick e Karen, obrigado por me criarem na casa de Deus, embora eu nem sempre quisesse estar lá. Aqueles primeiros anos moldaram minha vida e me colocaram em um caminho profético para descobrir meu destino profético.

Aos meus pais brasileiros, meu sogro Hugo e minha sogra Nelci por serem aqueles que amam e me adotaram como filho em sua família, trazendo proteção, cuidado, orientação e amor fazendo parte do meu destino profético.

Dênio Lara Jr, este livro é um sonho que tenho há mais de uma década, mas você me convidou e agora nós fizemos isso acontecer. Obrigado pelo incentivo e pela amizade.

ACKNOWLEDGEMENTS

I would first like to thank my wife Késia and to my son Ben Judah. You two have taught me more about life and love than I have learned anywhere else place. Thank you for loving me, supporting me and being the ones who encourage me in everything. I love you!

To my parents, Rick and Karen, thank you for raising me in God and in the church. Although I didn't always want to be there, those first years shaped my life and set me on a prophetic path to discover my personal prophetic destiny. I am grateful for you both.

To my Brazilian parents, my father-in-law Hugo and my mother-in--law Nelci, thank you for being the ones who have loved and have adopted me as a son into your family.
Thank you for bringing protection, care, guidance and love as part of the my prophetic destiny.

Dénio Lara Jr, this book is a dream that I've had for more than a decade. You invited me into this process and now we've made it happen! Thank you for your encouragement and friendship, it means the world to me!

GLOSSÁRIO DE TERMOS PROFÉTICOS

Os termos a seguir serão explicados com mais detalhes no Capítulo 5, mas como os mencionei nos capítulos 1 a 4, gostaria de dar uma breve explicação do que eles significam.

"Há diversidade de dons, mas o Espírito é o mesmo… porque a um é dada a palavra de sabedoria pelo Espírito, a outro a palavra de conhecimento… a outro profecia…" (1 Coríntios 12:4-11 NKJV)

Palavra de conhecimento: Uma palavra de conhecimento é uma informação que Deus deu a alguém sobre outra pessoa que não poderia ser conhecida sem que Deus a dissesse. Isso pode incluir detalhes como nomes, aniversários, etc. ou datas de eventos e eventos. Também pode ser usada para cura, pois Deus revela partes do corpo que precisam ser curadas. Vemos Jesus usar palavras de conhecimento frequentemente nas Escrituras.

Palavra Profética: Em um nível básico, profetizar é uma palavra que Deus dá a alguém, a qual prediz algo a respeito de uma pessoa. Inclui várias partes e geralmente é dada para revelar eventos futuros.

Palavra de Sabedoria: Uma palavra de sabedoria geralmente faz parte de uma palavra profética. É dada em antecipação às decisões que você terá que tomar, ou para lhe dar uma visão sobre os detalhes que irão acontecer. Jesus muitas vezes deu palavras de sabedoria, assim como os apóstolos. Aqui está um exemplo bíblico:

"Sempre que você for preso e levado a julgamento, não se preocupe de antemão com o que dizer. Apenas diga o que for dado a você no momento, pois não é você quem está falando, mas o Espírito Santo". (Marcos 13:11)

INTRODUÇÃO

Se você tem este livro em suas mãos, creio que é porque Deus o conectou a ele para descobrir seu destino profético. Nesta vida, todos nós estamos em uma jornada radical. Uma jornada para descobrir o que Deus nos criou para fazer e quem Ele nos criou para ser. Esta jornada tem altos e baixos, voltas e reviravoltas e até mesmo caminhos ocultos que estão aguardando serem descobertos por você. Acredito que nosso destino profético é uma jornada que está intimamente interligada a duas coisas: Deus e seu amor por nós, e a própria aventura de descobrir qual é realmente o nosso destino profético.

Aprendi que Deus geralmente está mais preocupado com a jornada em nossas vidas do que com o destino em si.

Qual é o seu destino profético e como você o descobre? Acredito que nosso destino profético é viver nossa verdadeira identidade Nele e sucessivamente o propósito e o destino que Deus criou para nós. É saber quem você é e o que foi criado para fazer aqui nesta terra. Seu destino profético abrange seus dons, seus desejos, suas habilidades e paixões, bem como outras coisas que você aprendeu nesta jornada que é a vida.

Descobrimos nosso destino profético quando vivemos nossas vidas buscando identificar a razão pela qual Deus nos colocou aqui nesta terra. Mark Twain disse a famosa frase: "Os dois dias mais importantes da sua vida são o dia em que você nasceu e o dia em que você descobre o porquê". Acredito que quando você descobre seu destino profético, o seu próprio ser e suas decisões futuras se alinham de forma sobrenatural ao motivo pelo qual Deus o colocou nesta terra.

Cada um de nós possui dons dados por Deus. Esses dons fazem parte das coisas que nos tornam únicos. Mesmo com bilhões de pessoas hoje no planeta e bilhões que viveram antes de nós, somos todos únicos, temos uma impressão digital única. Ninguém é exatamente igual ao outro e ninguém jamais viveu exatamente a mesma vida que outra pessoa viveu. Isso é absolutamente impossível. Da mesma forma, nunca conheci ninguém cuja jornada em Cristo tenha sido exatamente a mesma de outra pessoa e acredito que Deus faz isso de propósito.

Deus Pai nos conduz. Ele nos guia por meio de Sua voz e da direção profética que Ele nos dá. Como um quebra-cabeça, Ele nos deixa "peças" do mapa das nossas vidas para montarmos juntos com Ele. Deus não nos dá nosso destino em "peças" porque quer esconder o futuro de nós. Não! Ele é bom demais para isso! Como diz o pastor Bill Johnson: "Ele não esconde as coisas de nós, Ele esconde as coisas para nós". Ele esconde coisas para que nós as descubramos!

Em Marcos 8.27-30, Jesus disse a Seus discípulos: "não contêm a ninguém quem eu sou." Você já parou para pensar nisso? Por que Jesus não queria que Seus discípulos dissessem às pessoas que Ele era de fato o Messias? Que Ele era aquele que o mundo estava esperando? Essa ordem de Jesus parece ser totalmente oposta à "grande comissão" que mais tarde nos daria (Mateus 28). Por que Jesus faria isso?

Deus sempre se revela no mistério. Jesus disse aquilo a seus discípulos porque queria que as pessoas descobrissem por si mesmas quem Ele realmente era. Ele queria revelar-se pessoalmente a elas!

Quando conto algo a alguém, essa informação é baseada na minha experiência ou na minha revelação pessoal sobre aquilo. Mas quando as pessoas experimentam algo por si mesmas, elas passam a ter suas próprias revelações e experiências. Jesus queria se revelar às pessoas de um modo pessoal.

Ele faz isso porque nos ama e porque sabe como criar as melhores histórias em nossas vidas. Deus não quer que as pessoas apenas ouçam falar sobre Ele através de outra pessoa. Ele quer que O experimentemos por nós mesmos. Deus está se revelando a nós. Revelando Seu amor e Sua natureza. Ele é Cristo Jesus, a esperança da glória! Ele é o grande contador de histórias, o Criador do universo! Ele é aquele que te criou e que te deu uma identidade. Por isso Ele tem coisas que foram preparadas especificamente para você.

Essa singularidade que cada um de nós possui é muito importante, porque embora todos tenhamos sido criados à imagem de Deus, cada indivíduo O reflete de maneira diferente. Por isso podemos dizer que o Corpo de Cristo é de fato incompleto se não houver pessoas nele. Quando as pessoas se afastam de Cristo, o Corpo de Cristo sofre. Somos todos parte desta grande história que Deus criou, e cada um de nós revela um aspecto, ou seja, uma faceta de Sua natureza. Quando as pessoas se desviam da sua jornada profética por causa da mágoa, dor, medo, mentiras ou até mesmo porque se afastaram de Deus, todos nós sofremos. Infelizmente, quando você não consegue ser totalmente você e não está vivendo alinhado com seu destino profético, as pessoas perdem o Cristo, a esperança da glória em você.

A Bíblia nos ensina que Deus estabeleceu a terra e os céus. Não houve erros. Por isso não há erros em como Ele te criou. Deus não errou a família em que te colocou, a nação em que você nasceu, os talentos que recebeu, as habilidades que você tem ou não. Você foi criado com um propósito e um destino profético. Está vivo no lugar certo e na hora certa e acredito que agora é hora de descobrir exatamente qual é o seu destino profético.

Minha história na história de Deus

Para que possa te revelar o que aprendi em minha jornada profética e o que aprendi sobre Deus, preciso que você me acompanhe em uma jornada através de minha vida e história. Mas não se preocupe, este livro diz mais a respeito de você, do que a mim. Acredito profeticamente que Deus falará contigo por meio da minha história e através dela você verá a mão Dele em todos os aspectos da sua vida.

Nasci em uma família cristã. Meus pais eram pastores de uma igreja denominacional, cujo nome, inclusive, incluía a palavra "profecia". Contudo, por alguma razão, meus pais não acreditavam que o dom profético ainda existisse em nossos dias. Na verdade, meu pai estava faminto por experimentar mais de Deus e buscava um reavivamento já fazia alguns anos. Curiosamente, é interessante notar que quando buscamos mais de Deus Ele nos responde, mesmo que não esteja na embalagem, ou seja, no formato que queríamos ou mesmo imaginávamos.

No meio dessa jornada de buscar mais de Deus, meu pai encontrou um anúncio no verso de uma revista cristã popular que lhe chamou a atenção. O anúncio era sobre um homem chamado Kent Simpson e seu ministério Tabernáculo dos Ministérios Proféticos (o qual inclusive existe até hoje). O conteúdo do anúncio era um tanto ofensivo, pois este homem, Kent, afirmou ser um profeta de Deus e disse que se lhe enviasse uma pequena oferta, juntamente com uma fita cassete, ele oraria e pediria a Deus uma palavra específica para sua vida, gravaria a mensagem nessa fita e, em seguida, a enviaria de volta para você.

Por alguma razão, meu pai ficou muito incomodado com esse anúncio e teve uma ideia que ainda acho bastante estranha (provavelmente decorrente de um espírito religioso). Ele decidiu que iria expor esse cara como uma fraude. Ele enviaria uma fita cassete para Kent e quando recebesse a palavra profética saberia que não era realmente de Deus e então exporia esse homem como um farsante e mentiroso.

Nessa época morávamos no Havaí, e o profeta Kent Simpson morava no Texas. Era início dos anos 90 e esse processo de enviar uma fita para Kent e depois recebê-la de volta levaria semanas. Para a surpresa de meu pai, logo depois de enviá-la ele a recebeu de volta com um adesivo que dizia: "uma palavra do Senhor".

"Foi uma loucura", meu pai me disse uma vez, pois nunca esperava receber nada de volta desse cara, especialmente porque meu pai nem acreditava em profecia. Mais tarde, naquele mesmo dia que recebeu a fita, meu pai decidiu ouvi-la. Naquela época, não tínhamos telefones e mensagens que facilitassem a comunicação. Você não podia simplesmente entrar na internet e escutar música, por exemplo. Você tinha que literalmente procurar um aparelho chamado toca-fitas para colocar a fita cassete nele para escutá-la. Meu pai realmente só tinha duas opções: o toca-fitas do seu carro ou o toca-fitas da igreja.

Já que naquele dia ele precisava limpar a igreja, meu pai resolveu que ouviria essa "palavra profética" deste suposto "profeta" enquanto fazia a limpeza. Ele entrou na igreja e caminhou até os fundos onde ficava a cabine de som. A cabine de som estava localizada em um lugar mais elevado no templo para que os técnicos e a equipe de iluminação pudessem enxergar todas as cadeiras e pessoas durante os cultos. Meu pai subiu os cinco ou seis degraus que levavam à cabine de som e ligou todos os equipamentos da igreja.

Ao colocar a fita no toca-fitas ele disse a Deus: "Deus, se é realmente você, então este homem tem condições de me dizer exatamente o que estou fazendo agora e até mesmo onde estou enquanto ouço esta fita".

Meu pai apertou o play e começou a descer as escadas para limpar a igreja. Naquele exato momento, o profeta Kent Simpson disse nos alto-falantes da igreja: "assim diz o Senhor: enquanto você desce as escadas para começar a limpar minha casa..." Ao ouvir isso, meu pai disse que "gelou" e depois caiu de joelhos chorando!

Mais tarde me disse que esse momento foi como aquele em que Tomé colocou os dedos nas marcas dos pregos nas mãos de Jesus. Meu pai disse que imediatamente teve uma revelação sobre duas coisas: Deus ainda fala, e Deus ainda fala por meio de pessoas proféticas.

Esse encontro mudou a vida do meu pai e mais tarde mudaria a minha vida e meu destino. Na época, eu tinha seis ou sete anos de idade e só fui saber o que realmente tinha acontecido anos mais tarde. Mas meu pai ficou tão comovido por essa experiência que convidou esse homem para vir ao Havaí, pregar e profetizar sobre as pessoas.

Kent Simpson veio ao Havaí em algumas ocasiões e fez coisas que eram revolucionárias para aquela época. Meu pai apresentava um programa de televisão ao vivo e Kent profetizava ao vivo sobre as pessoas que ligavam para o programa! Ele fez isso pelo rádio também. Foi algo realmente pioneiro, pois o profético não era tão popular quanto hoje. Hoje é comum as pessoas profetizarem ao vivo pelo Facebook ou Instagram, mas Kent foi um precursor nisso. Pessoas proféticas são sempre pioneiras e precursoras do que Deus está fazendo.

Kent ministrou em nosso acampamento de jovens e algumas vezes em nossa igreja. Quando ele pregava, distribuía fitas cassete para todos na igreja. As pessoas ficavam na fila por horas e ele profetizava individualmente sobre cada uma. Ele gravava a palavra profética na fita cassete e dizia para as pessoas guardarem e escutarem a mensagem alguns anos depois. Kent se tornou mais tarde um mentor para mim e me ensinou que "uma palavra profética não lhe diz o que fazer, ela lhe diz o que se deve esperar".

Um dia, no final do culto, meu pai se aproximou de Kent e disse: "Kent, profetize que meu filho mais velho, Joshua, seja um pastor no ministério". Meu pai estava se referindo ao meu irmão porque queria que seu filho mais velho fosse um pastor como ele. Kent riu e disse que não poderia fazer isso porque Joshua não serviria no ministério. Ele, então, apontou para mim enquanto eu corria pela igreja e pulava nas cadeiras e disse ao meu pai: "mas aquele servirá no ministério".

De forma profética, mesmo eu não tendo escutado essas palavras naquele momento, sei que elas mudaram minha vida. Meu pai mais tarde me contaria tudo isso enquanto eu crescia. Aquela palavra profética liberada foi o começo da minha jornada profética e da descoberta do meu destino profético.

Eu não tinha ideia, mas naquele dia Deus me marcou. E mesmo que eu tenha passado mais de uma década tentando seguir meu próprio caminho, sem ter nada a ver com estar no ministério pastoral, o plano e o propósito de Deus para nossas vidas nunca são frustrados.

Eu acredito que em algum momento da sua vida, Deus marcou você profeticamente como eu fui marcado naquele dia! Ele mapeou o seu chamado, sua vida e seu destino e está revelando isso a você aos poucos, um passo de cada vez.

Através dos altos e baixos de sua vida, das idas e vindas, Deus não perdeu de vista quem Ele o criou para ser. Na verdade, acredito que este livro é apenas mais um passo na revelação do seu destino profético.

Curiosamente, muitos de nós somos mais parecidos com meu pai nesta história do que com Kent. É mais fácil sermos críticos do que acreditarmos naquilo que Deus está fazendo. É interessante nos autointitularmos "crentes" quando na verdade somos mais críticos e até mesmo incrédulos sobre o que Deus está fazendo do que dispostos a abraçar a unção profética que Deus já liberou por toda a terra.

A realidade é que quando Deus não faz as coisas como queremos ou esperamos, nós o rejeitamos, nos ofendemos ou passamos a adotar uma nova forma de crer. Você já teve um pensamento assim: "Deus não pode usar essa pessoa" ou "isso não é realmente Deus porque...", tome cuidado para não rejeitar o Rei Jesus porque Ele está montado em um jumento e não em um cavalo brilhante branco como você imaginou. A Bíblia diz que Deus usa as "coisas loucas deste mundo para envergonhar as sábias." (1 Coríntios 1:27).

Lembro-me de uma vez, anos atrás, quando fui convidado para pregar em uma igreja no Texas, isso foi vinte anos depois que eu havia me reconectado com o profeta Kent e ele começou a me dar oportunidades de pregar em locais que faziam parte da sua rede de relacionamentos ministeriais. Cheguei em uma pequena igreja, numa cidade no meio do nada, no Texas. A igreja tinha menos de duzentas pessoas e era uma igreja tradicional, mais antiga. O pastor dessa igreja tinha visto meus dons proféticos em ação e, por meio de uma recomendação do Kent, convidou-me para pregar no domingo de manhã.

Na época eu estava viajando sozinho, de carro, por cerca de dois meses e meio, passando por quarenta estados dos Estados Unidos da América. Eu tinha vendido e doado todos os meus pertences na busca de uma vida de obediência a Deus e na realização de uma viagem missionária. Não muito tempo depois de falar nesta igreja, viajei para seis países durante um período de seis meses para pregar o evangelho, amar as pessoas e ver o Deus de milagres em ação. Meu 'sim' para Jesus sempre foi grande desde que entreguei minha vida totalmente a Ele na noite de Ano-Novo de 2010. Fiz menção a tudo isso porque na época eu estava viajando pela América vendo Deus curar as pessoas nas ruas, até mesmo no topo dos arranha-céus da cidade de Nova York!

Então naquela época no Texas, eu ainda não tinha pregado em muitas igrejas e não sabia ao certo o que estava fazendo. Eu simplesmente amava a Jesus de todo o coração e queria ver Seu Reino revelado na terra. Nesse ponto da minha vida, eu tinha pregado poucas vezes em igrejas; mas todo o meu ministério e ministério profético até esse ponto tinha sido nas ruas. Eu estava vendo Deus fazer coisas muito legais fora da igreja!

Aprendi que quando as pessoas na igreja se sentem ofendidas por Deus, Ele traz Seu Reino e poder para aqueles que estão fora da igreja. Se você ler sua Bíblia, verá que Jesus realizou mais milagres fora da igreja do que na igreja. A religiosidade impede o que Deus pode fazer porque a raiz do espírito religioso é, na verdade, a dúvida e o medo.

Então, cheguei na igreja que iria ministrar uma hora antes, pois eles tinham um tempo de oração antes do início do culto. Eu estava usando as melhores roupas que tinha na época: jeans, camiseta e boné. Assim que entrei na porta, o pastor veio ao meu encontro e disse: "Jovem, aqui no Texas não pregamos usando boné!". Sinceramente fui pego de surpresa com a declaração, mas escolhi honrar os pedidos do pastor e tirei o boné. Sentindo-me um pouco envergonhado, fui até uma das cadeiras, sentei-me e comecei a orar.

Alguns momentos depois um jovem entrou na igreja usando muletas e uma tornozeleira. Quando o vi entrar, vi isso como um convite para orar e ver esse rapaz curado. Afinal, estávamos aqui antes na igreja justamente para uma reunião de oração. Depois de abordar o jovem e orar por seu tornozelo, ele foi instantaneamente curado e já podia andar sem o uso de muletas! Obrigado Jesus!

Sentindo-me um pouco mais cheio de fé do que vergonha, notei uma mulher mais velha sentada em uma cadeira no lado direito da igreja e, imediatamente, tive uma palavra de conhecimento sobre seu joelho direito. Depois de falar com ela e perguntar se estava com dor no joelho, ela confirmou a palavra de conhecimento. Então oramos juntos e logo após nossa oração ela testou seu joelho e toda a dor havia sumido! Fiquei muito feliz porque Deus já estava fazendo coisas incríveis, e o culto ainda nem havia começado. Ninguém tinha visto o que havia acontecido, e as pessoas ainda estavam orando com o microfone na frente da igreja.

Quando eles terminaram a oração e o culto estava para começar, fui até a frente para sentar-me na cadeira ao lado de onde o pastor se senta. O pastor subiu ao palco, pegou o microfone e perguntou se alguém tinha algum testemunho. Curiosamente, o jovem que Deus curou estava sentado no fundo da igreja e levantou sua mão. Ele se levantou e disse: "Sim, fui curado esta manhã! O homem na primeira fila ali orou por mim, e Deus curou meu pé. Entrei de muletas e com dor e agora posso andar e pular sem dor alguma!

Todos bateram palmas e agradeceram a Deus. Então a mulher mais velha gritou: "Sim! Aquele homem orou por mim também e Deus curou meu joelho!". A igreja mais uma vez respondeu com louvor a Deus e palmas. Eu silenciosamente agradeci a Deus por honrar Sua palavra de cura, embora eu entrasse com um boné e ofendesse os religiosos.

Aprendi ao longo dos anos que existem muitos tipos diferentes de pessoas na igreja. Alguns são como Kent, que são cheios do Espírito Santo e se movem nos dons e nos milagres que Jesus realiza ainda hoje. Outros são como meu pai era, um cético, um crente incrédulo, que não reconhece o que é de Deus porque a maneira como Deus trabalha não se encaixa nos seus moldes ou em seus pensamentos religiosos.

Percebi que muitas vezes a jornada profética das pessoas vai até o limite de suas crenças.

Aprendi que o caminho para descobrir nosso destino profético começa quando existe a necessidade de ter fé para acreditar.

A Bíblia diz que "em parte conhecemos e em parte profetizamos". (1 Coríntios 13:9). Todos nós temos um pouco de fé e alguma crença, mas para fazer parceria com nosso destino profético, realmente precisaremos nos esforçar para acreditar em coisas maiores.

Para enfatizar isso, quero terminar esta introdução com uma última história. Acredito que Deus quer transformar nossa dúvida em convicções e fé. Ele quer nos mostrar, em nossa jornada profética, onde Ele esteve o tempo todo. Ele quer abrir diante de nós um caminho que nos trará clareza, porque é isso que um Bom Pai faz. Infelizmente, Deus acaba sendo frequentemente limitado pela lógica da nossa incredulidade, ou seja, a mentalidade de que preciso ver antes de acreditar.

Existe um filme antigo chamado "Indiana Jones, A Última Cruzada", que realmente enfatiza a fé e a nossa jornada profética com Deus. Indiana estava seguindo as pistas que encontrara no diário que seu pai escreveu ao longo de décadas enquanto estudava a palavra de Deus e os primeiros pais da igreja.

Indiana Jones está cumprindo o desejo de seu pai: encontrar o "santo graal", que era o nome dado ao cálice que Jesus bebeu na noite da última ceia. Esse copo supostamente teria o poder da água viva e quem dele bebesse, jamais morreria (lembrem-se, pessoal, isso é Hollywood).

Indiana já havia decifrado todas as pistas, resolvido todos os problemas e vencido todas as armadilhas que estavam ali para matar aqueles que tentavam seguir por esse caminho. Ele chega à beira de um penhasco e consegue ver que há uma abertura na montanha do outro lado, provavelmente a cem metros de distância, mas não há uma ponte alguma para atravessar. Ele olha para o mapa e para o diário que seu pai escreveu e não há nenhuma pista sobre o que ele deve fazer a seguir! Indiana fica, então, ali parado e sabe que tem pouco tempo para decidir o que fazer. Ele sabe que existe um caminho, mas não sabe qual é, e não pode simplesmente voltar atrás. Só existe um caminho e é para a frente.

Ele fecha os olhos e diz em voz alta: "você tem que acreditar". Lentamente, coloca a mão no seu coração e fica na beirada do penhasco. Respirando fundo, dá um passo gigante à frente, e quando começa a cair, seu pé repousa em uma ponte que estava escondida dos seus olhos naturais! A música dramática toca e ele ri, porque percebe que mesmo não conseguindo enxergar, havia um caminho ali bem na frente dele!

Tenho certeza de que você está com este livro em suas mãos porque está curioso para conhecer o destino profético de Deus para sua vida ou está faminto por mais de Deus. De qualquer forma, sei que Deus falará com você através das páginas aqui escritas.

É hora de você acreditar. É hora de dar um passo de fé, de deixar de lado a forma com que você gostaria que as coisas fossem e abraçar a jornada profética e o destino que Deus colocou diante de você.

Você foi feito pra isso. Vamos agora tomar o próximo passo de fé para adentrar no seu destino profético.

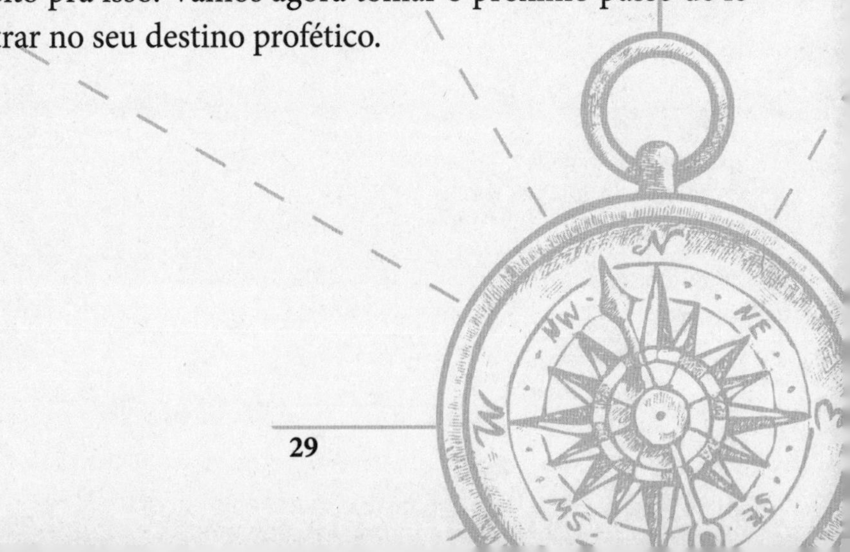

o diário que seu pai escreveu e nele já não há nenhuma pista sobre o que ele deve levar a seguir. [illegible] lamentando do passado e sabe que tem pouco tempo para decidir o que fazer. Ele sabe que existe um caminho, mas não sabe qual é. Não pode simplesmente voltar atrás. Só existe um caminho e é para a frente.

Ele fecha os olhos e diz em voz alta: "Você tem que acreditar." Lentamente, coloca a mão no coração e faz uma breve oração. Depois seu pé erguido à frente, dá um passo gigante, aterrissando exatamente em cima de algo sólido, pisando em uma ponte que estava escondida dos seus olhos naturais. Esta cena dramática toca o leitor, porque percebe que, mesmo sem conseguir enxergar, havia um caminho ali bem na frente dele.

Tenho certeza de que você está com este livro em suas mãos porque está curioso para conhecer o destino profético de Deus para sua vida ou está rumo aos propósitos de Deus. De qualquer forma, sei que Deus falará com você através das páginas aqui escritas.

Chegou a hora de você acreditar. É hora de dar um passo de fé, de [illegible] [illegible] conforme você gostaria que as coisas fossem e [illegible] a herança profética e o destino que Deus colocou diante de você.

Você foi feito para isso. Vamos agora [illegible] o primeiro passo desta [illegible] para adentrar no seu destino profético.

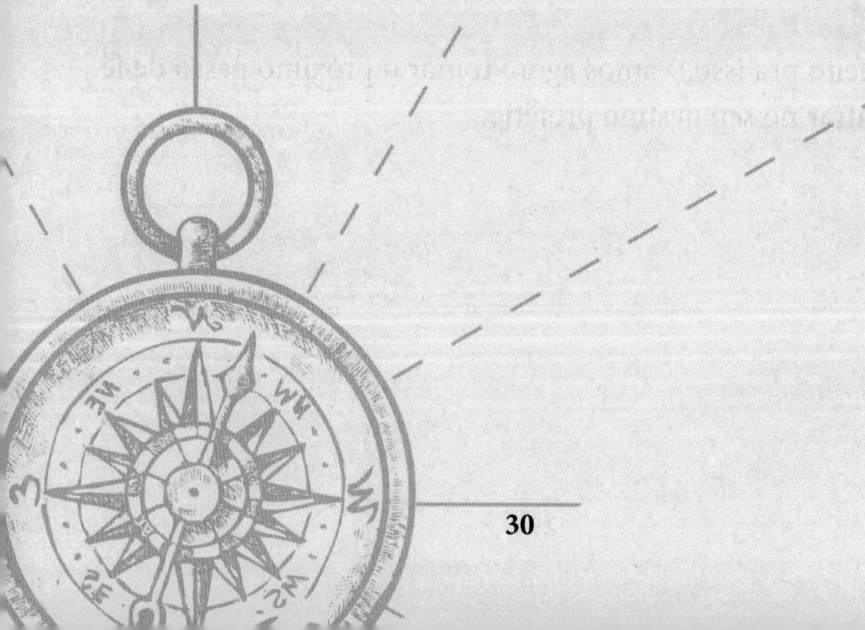

CAPÍTULO 1: SIMPLIFICANDO O PROFÉTICO

"Ore, ouça e obedeça. Esta é a forma cristã de se viver."
Profeta Kent Simpson

Às vezes pode parecer difícil e até mesmo assustador tentar entender um pouco sobre o profético e o mundo espiritual.

A maioria dos cristãos, se forem honestos, admitiriam que se sentem intimidados pelas coisas do espírito. Pessoalmente, lembro-me de pensar quando estava aprendendo a profetizar: "E se eu disser algo errado, Deus me matará?" ou "O que acontece se eu mudar a vida e o destino de alguém por causa de uma palavra profética!?" ou "o que acontece se eu ouvir Deus incorretamente?!".

Quando se trata do profético, muitas pessoas sentem sobre si um grande peso que não vem de Deus; e boa parte desse sentimento vem do fato de não sabermos quem somos e nem qual é o nosso papel no plano de Deus. Nossa responsabilidade como mensageiros de Deus é entregar a mensagem profética de modo a revelar o coração e o amor de Deus à criação. Fomos chamados para ser colaboradores do lindo plano de Deus. Não se esqueça do fato de que o plano é de Deus; não é meu, nem seu, e é nosso privilégio poder fazer parte dessa parceria com Ele.

Sempre apreciei a simplicidade de meu amigo e mentor profético de longa data, Kent Simpson. Ele disse: "tudo que você precisa fazer é orar, ouvir e obedecer.", simples assim. Contudo, mesmo que seja tão simples assim, nem sempre é fácil. A parte mais desafiadora é ouvir a Deus e discernir o que Ele está dizendo. Deus não fala apenas em inglês ou português. Existe uma linguagem do espírito. Existem maneiras pelas quais o espírito se move que precisamos aprender. Por exemplo, no momento em que escrevo esse livro, faz cinco anos que estou no Brasil e só agora consigo conversar com as pessoas e entender o que elas dizem em português. Ainda assim, quando converso com alguém que possui determinado sotaque ou quando as pessoas usam palavras que possuem um dialeto ou jargão como "taca ficha" ou "faca na bota", ainda me perco nas conversas! Se vou conversar com uma pessoa do Rio de Janeiro ou do Nordeste não consigo entender uma palavra do que estão dizendo.

O que é ainda mais louco do que isso é o seguinte: eu estava recentemente em um avião que estava indo do Brasil para Portugal. Estávamos voando com a companhia aérea TAP, que é uma companhia aérea de Portugal. A aeromoça parou para fazer uma pergunta para mim e minha esposa, e as palavras que saíam de sua boca não soavam sequer parecido com português brasileiro! Parecia que ela estava falando em árabe! Eu disse a ela: "sinto muito, mas não entendo uma palavra do que você está dizendo." Quando a aeromoça saiu, minha esposa me disse que ela estava falando em português! Mesmo que seja a mesma língua que eu falo agora, eu não conseguia entender essa mulher porque ela falava português de Portugal e não português do Brasil!

Para se aprender algo novo é preciso tempo e muita prática. Uma nova língua ou um idioma podem ser algo complicado, e a linguagem do espírito é algo que aprendemos à medida que nos conectamos com Deus e nos inclinamos para o Seu coração. Temos que ouvir a Sua voz e então aprender a entender o que Ele está dizendo. Neste lugar que nosso espirito se conecta e escuta o Espirito de Deus.

Sua voz não se manifesta apenas de forma audível. Deus fala por vários meios, de imagens, histórias. Fala por meio da natureza e das situações que enfrentamos. Fala também por meio das Escrituras. Na verdade, Ele fala de todas as maneiras e formas que permitimos que Ele fale. Mas a maioria de nós não está em conexão com Ele. Acabamos entendendo de forma errada o que Ele está tentando dizer ou não conseguimos discernir o que Ele está dizendo porque aquilo não faz sentido para nossos olhos e ouvidos naturais. Interpretamos o que Deus está dizendo através da nossa ótica humana sobre a vida, do nosso conhecimento e o entendimento, em vez de procurar aumentar e elevar nosso entendimento. Colossenses 3:2 diz para "buscarmos as coisas do alto, não as coisas da terra", ou seja, eleve seus pensamentos e sua forma de pensar a um nível mais alto de compreensão e conexão.

Quando aprendemos a prestar atenção na linguagem de Deus e aprendemos a Sua forma de falar, passamos a experimentar de forma mais frequente a Sua voz.

A Bíblia diz que "nós temos a mente de Cristo" (1 Coríntios 2:16). Nossa realidade como crentes é que estamos conectados a Deus em nossos pensamentos, ações e em nossa missão aqui na terra. Ouvir Deus é algo que acontece a partir de um relacionamento com Ele. Quando estamos conectados a Ele, podemos ouvi-Lo e aprender a entender o que Ele está realmente dizendo. Quando nossa conexão com Deus é verdadeira e quando as lentes pelas quais enxergamos nossa vida estão limpas, podemos realmente aprender a discernir o que Deus está dizendo e não apenas ouvir Sua voz.

Se você é um homem casado, sabe que às vezes pode ouvir sua esposa, mas não consegue entender o que ela realmente está tentando lhe dizer. Por quê? Porque mesmo que você escute suas palavras, pode não entender o que o coração dela está lhe comunicando. Você precisa aprender a discernir o que ela está dizendo. Isso acontece quando você entende que as palavras da sua esposa não são a sua única forma de comunicar o que ela está querendo dizer.

Discernir o que Deus está dizendo é a parte mais difícil para nós porque estamos cercados de muito barulho, tais como as opiniões de outras pessoas, distrações diversas, inclusive muitas vezes não acreditamos que Deus está realmente falando conosco.

Essas distrações e ruídos atrapalham nosso discernimento porque se tornam o filtro através do qual Deus fala. Para ouvir Deus precisamos nos dedicar a esta prática e buscar crescer em nosso discernimento, eliminando as distrações que estão ao nosso redor. Nós somos como um filtro por onde a voz de Deus vai passar. Tudo o que Ele disser será transmitido por nós. Por isso, o grau de limpeza do nosso filtro afetará a clareza da palavra que será transmitida.

Para ilustrar melhor esse processo, vamos pegar como exemplo o ar-condicionado. Se você quer que seu ar-condicionado funcione melhor ou quer fazer uma limpeza no aparelho, o que você faz? Troca ou limpa o filtro. É isso que geralmente resolve o problema. Da mesma forma, se você quer que a mensagem de Deus seja mais clara, você precisa trocar o seu filtro.

Alguns de vocês precisam trocar o seu filtro porque o que você tem não vai funcionar, caso queiram ouvir a Deus. Seu velho filtro pode ser um filtro de incredulidade e será muito difícil ouvir Deus se não acreditar que ele fala. Então, você precisa obter um novo filtro, um filtro de fé e coragem, que realmente acredita que Deus é bom e que Ele vai falar com você, pois você foi criado para ter relacionamento com Ele, e dentro de relacionamento existe comunicação.

Outros talvez precisem apenas limpar o filtro. Um cristão curado, saudável, que está conectado à fonte, que é Deus, é o que podemos chamar de um "filtro limpo".

Já presenciei várias vezes pessoas com boas intenções, mas com "filtros ruins", profetizando algo que Deus falou, porém errando na forma de transmitir a mensagem.

Isso acontece porque estão profetizando com sua alma suja e não através de um espírito limpo. Se não formos intencionais sobre como vivemos nossas vidas, nunca seremos o filtro que Deus deseja que sejamos para o mundo. Deus quer falar com você e através de você, mas para isso você precisa estar disponível e disposto a ser um mensageiro digno de carregar a Sua linda mensagem.

Deus quer falar. Ele ama quando as pessoas O escutam. Em minhas experiências no âmbito profético, tenho visto muitas pessoas ouvindo a Deus corretamente, mas não conseguindo compartilhar exatamente o que o céu está falando porque seu filtro está sujo. Essas pessoas têm uma visão de Deus como um ser destruidor, alguém que está sempre irado. Acreditam que Deus quer destruir as pessoas e feri-las. Então, quando profetizam, profetizam morte sobre uma pessoa, não a bondade, restauração e a vida de Deus.

Como vozes proféticas, precisamos entender que o tipo de filtro pelo qual Deus falará através de nós está diretamente ligado a quem nós somos e no que acreditamos.

Portanto, se eu tiver uma teologia ruim e um sistema de crenças

errado sobre Deus, minhas palavras proféticas serão marcadas e contaminadas por este sistema de crenças.
Da mesma forma, se eu tiver pouca fé, limitarei o que Deus está dizendo aos outros, porque acreditarei que o que Ele está me mostrando é muito grande para eles. Isso também acontece quando as pessoas têm ciúmes ou inveja do que Deus está dizendo a outra pessoa. Por isso é muito importante que nos tornemos um vaso limpo para Deus falar.

Profecia na Nova Aliança

É importante entender que, como crentes da nova aliança, estamos sob uma nova aliança, não uma antiga. Muitas pessoas tentam viver um cristianismo da nova aliança com os sistemas da velha aliança. Mas não é assim que funciona. Nós recebemos a graça de Deus e o perdão dos pecados por meio da vida, da morte e da ressurreição de Jesus. Eu posso entrar com ousadia perante o trono de Deus por causa do que Jesus fez por mim. Eu tenho poder e autoridade porque Deus escolheu me dar. Além disso, estou cheio do Espírito Santo e do poder porque o Espírito Santo foi liberado sobre nós e em nós. Não sou mais um pecador, sou um santo salvo pela graça. Sou um filho que faz parte da família de Deus, e posso ouvir e obedecer o que meu Pai fala.

Uma teologia sem a esperança nunca ajudará ninguém a experimentar o amor e o poder de um Deus bom. Se vamos operar a partir da simplicidade e do poder do evangelho, precisamos alinhar nossas crenças à verdade de quem Jesus é, e o que Ele veio fazer. Jesus veio para nos mostrar o Pai e nos conduzir a Ele. Vemos isso por toda a Escritura, mas de forma mais específica, no livro de João, capítulo 14, versículo 6, quando Jesus diz: "Eu sou o caminho, a verdade e a vida, e ninguém vem ao PAI senão por mim". Quando conhecemos

Jesus Ele nos conduz ao Pai; e quando sabemos que somos filhos, podemos ouvir a Sua voz.

Por isso precisamos simplificar o profético, porque não é por minha habilidade ou meu dom que Deus fala e eu posso ouvi-lo, mas sim porque eu O conheço como Pai, e por isso posso ouvi-lo como filho e o representá-lo nesta terra.

Essa conexão com o Pai retira a pressão sobre nós porque não estamos profetizando para obter a aprovação das pessoas, nem porque temos medo de não estar usando um dom que Deus nos deu.

***A* minha conexão com Deus Pai traz identidade e segurança, tudo que faço é a partir da minha identidade Nele e não para ter identidade.**

Na verdade, não devemos de nenhuma forma profetizar a partir do medo. Não deveríamos estar preocupados em cometer um erro, mas sim em levar o amor de Deus Pai às pessoas. Se eu focar somente na precisão da palavra que está sendo liberada e em não cometer erros, vou perder o poder do profético, pois o poder vem de conectar as pessoas a Deus e não apenas em ser preciso e correto.

Os caminhos do Espírito, da Fé e do Amor

Muito do que aprendi na minha fé cristã foi por tentativa e erro. Se não estivermos dispostos a cometer erros ao longo do caminho, não vamos realmente crescer no profético.

No mundo espiritual, às vezes experimentamos as coisas primeiro, e a compreensão vem depois.

Lembro-me de receber palavras de conhecimento antes mesmo de saber o que eram palavras de conhecimento. E se você for assim, não se preocupe, explicaremos e simplificaremos tudo isso em um capítulo posterior.

Na verdade, se você ler sua Bíblia, perceberá que Jesus faz o discipulado da seguinte forma: ele permite que seus discípulos o vejam e o sigam e depois os envia para fazer o que o viram fazer! Jesus não tinha os programas de ensino que temos hoje. Seu discipulado era no campo prático e envolvia mais esse processo de tentativa e erro do que de instrução teórica. A razão pela qual não fazemos o mesmo estilo de discipulado que Jesus fazia é que hoje nossas vidas são bem diferentes daquelas que eles tinham naquela época.

Estamos mais ocupados com as coisas da vida do que em seguir Jesus. Temos escolas sobre como aprender determinada coisa, sem precisar fazer nada prático. A escola dos discípulos era primeiro fazer e depois aprender. Na minha vida, aprendi que existem pessoas que aprendem sobre como fazer algo e tem pessoas que simplesmente vão e fazem. Somos chamados a ser pessoas que vão e que praticam as coisas que aprenderam. Embora o aprendizado definitivamente tenha o seu lugar, vai chegar um momento em que você terá que sair do barco como Pedro fez e experimentar as coisas do Espírito.

Deus não nos deu um espírito de medo, mas de poder, amor e uma mente equilibrada (2 Timóteo 1.7). Porém, quando chegar a hora de realmente fazer a obra, isso pode se tornar algo desafiador. A fé exige fazer algo. Não podemos ter uma fé que não resulte em algo prático. Tiago 2:18 diz isso: "mostre-me a tua fé sem as obras, e eu lhe mostrarei a minha fé pelas minhas obras." A fé exige que façamos algo, e agir no profético pode ser assustador porque nunca sabemos o que vai acontecer.

Há alguns anos, eu estava almoçando com minha esposa e meu filho aqui em Florianópolis, que é a cidade onde moramos e temos nossa igreja. Somos os pastores fundadores da Younity Church e diretores do Bethel SOZO Brasil. Estávamos sentados à mesa comendo quando uma mulher se aproximou de nós e disse: "Pastor Andy e Kesia, certo?" Nós respondemos, "sim, somos nós." Ela riu e disse: "Pensei que fossem vocês. Tenho um testemunho para compartilhar!" Ela passou, então, a nos contar o que havia acontecido em sua vida no último ano, e tudo começou a partir de uma palavra profética que havia liberado em uma conferência em outra cidade.

Ela me disse "você se lembra daquela conferência em que pregou e teve uma palavra de conhecimento para alguém chamado "fulana de tal"? Eu respondi que sim. Lembrei da conferência e do momento a que ela estava se referindo, todavia lembrei que ninguém havia respondido a esse nome. Eu senti como se o Senhor tivesse me dado um nome e uma palavra profética para essa pessoa, mas naquela sala havia 2.000 pessoas e nenhuma respondeu! Lembro-me de me sentir um pouco ridículo diante de 2.000 pessoas, dando um passo de fé para liberar uma palavra de conhecimento a qual ninguém respondeu. Como ninguém respondeu ao nome, escolhi algumas mulheres que estavam naquela multidão e liberei a palavra sobre elas.

A moça que veio falar conosco na mesa do restaurante continuou o seu relato e me disse que esse era o nome dela, mas ela estava com medo e com vergonha de se levantar e se identificar. Porém, mesmo não tendo respondido naquele momento, a palavra que eu tinha liberado para as outras mulheres era na verdade para ela!

Ela disse: "Pastor Andy, embora eu não tenha respondido, essa palavra foi para mim! Tudo o que você disse aconteceu no ano passado. Minha empresa cresceu e foi um dos anos mais prósperos da minha vida! Obrigado por ouvir Deus e compartilhar essa palavra." Enquanto ela ia embora, olhei para Késia, ainda não acreditando no que tinha acontecido. Essa mulher não tinha respondido à minha palavra profética e me fez parecer um ridículo na frente de 2.000 pessoas, porque senti como se tivesse ouvido Deus errado, mas na verdade ouvi Deus corretamente! Dei um passo de fé e mesmo não tendo o resultado que eu queria, o fato é que ouvi de forma correta o que Deus falou e a palavra foi liberada.

Em outra ocasião, tive uma outra experiência semelhante. Recebi três palavras de conhecimento antes de um culto em uma pequena igreja. Antes de pregar, comecei a liberar as palavras de conhecimento uma a uma. A primeira palavra foi um nome. Eu disse: "tem alguém aqui que se chama Marianna?" ninguém respondeu. Ok Senhor, próxima palavra. "Alguém tem dor no ombro esquerdo?" Ninguém respondeu. Última palavra, "alguém tem dois filhos e uma filha?", "Deus tem uma palavra para você". Ninguém respondeu. Lembro-me de que me senti um pouco desanimado com a situação, mas percebi que Deus havia ficado satisfeito com o fato de eu ter me arriscado mesmo assim. A Bíblia diz que "sem fé é impossível agradar a Deus." Então quando me movo em fé, Deus se agrada disso. Muitas vezes queremos ter a palavra certa, precisa. Queremos obter aquela palavra que é o nome de alguém, sua condição, seu histórico familiar, etc. Mas Deus só quer que tenhamos fé e que amemos as pessoas. Quando damos passos de fé, isso agrada a Deus. E nós podemos realmente ser encorajados e amados apenas por assumir riscos!

Eu tenho uma tatuagem no meu braço que é uma parte de um versículo: "o amor nunca falha". Fiz essa tatuagem no meu braço para lembrar de que não importa o que aconteça quando eu imponho as mãos nas pessoas e oro, eu lembro:_

"É impossível orar e não acontecer nada, porque o amor nunca falha."

Portanto, mesmo que eu não obtenha o resultado que eu queria da minha oração, é impossível orar e nada acontecer! Quando oro, quando me movo em fé, quando profetizo, eu estou movendo no mundo espiritual e coisas estão acontecendo, mesmo que não possa vê-las com meus olhos naturais.

Precisamos aprender e entender os caminhos do Espírito. Deus não disse para orar até obter resultados, Ele não disse para profetizar o que você vê. Ele disse para Ezequiel "profetizar vida a estes ossos" (Ezequiel 37.4). O Espírito nos dá a capacidade de profetizar e declarar coisas que ainda não são, como se já fossem. Quando combinamos nossa fé e amor com o Espírito e o poder de Deus, as coisas na terra começam a se mover e destinos começam a tomar forma.

Sempre que nos movemos em fé, com uma motivação baseada em amor, não podemos falhar. Contudo, sempre que tentamos profetizar com precisão, ou obter uma palavra perfeita ou algo que nos faça parecer bons, falharemos.

Deus não quer que você profetize para se vangloriar no fato de conseguir ouvi-Lo. Ele quer que você profetize de tal maneira que as pessoas encontrem o Seu amor e sejam transformadas. Quando o amor é a nossa motivação, nunca falharemos.

Quando o amor for a nossa motivação, ouviremos a Deus com precisão e entregaremos a mensagem que Ele quer dar ao seu povo.

Nesta jornada profética em relação às nossas próprias vidas, ou profetizando na vida dos outros, precisamos ter fé e confiar que Deus nos guiará - e precisamos amá-Lo o suficiente para seguir o que Ele está dizendo.

Eu não apenas obedeço a Deus porque sou obediente. Eu O obedeço porque O amo.

Descobri que essa combinação de fé e amor é exatamente o que preciso em minha caminhada cristã e minha jornada profética.

Simplificando o Profético

Frequentemente, nós, humanos, gostamos de tornar as coisas mais complexas porque isso nos faz sentir inteligentes e superiores. Mas aprendi que no Reino de Deus as coisas nem sempre são complexas e difíceis. Na verdade, Jesus diz que "em verdade vos digo, se não vos converterdes e não vos tornardes como as crianças, nunca entrareis no reino dos céus. Portanto, quem se humilha a si mesmo como esta criança é o maior no reino dos céus". Mateus 18:3-4.

Não é na complexidade do espírito que podemos profetizar, mas sim na simplicidade dele.

Eu sei o que você está pensando quando se trata do profético. Você não se sente qualificado, não sente que conhece as Escrituras o suficiente e grandes palavras teológicas. Mas eu tenho boas notícias: você não precisa conhecer todas as Escrituras ou todas as palavras e termos teológicos. Você só precisa ser como uma criança curiosa aprendendo a ouvir o que o Pai está falando.

Aprendi muito sobre Deus Pai desde que me tornei pai. Meu filho me ensinou muito o que significa ser pai e também muito sobre como Deus Pai se sente sobre nós. A conexão entre um pai e um filho é linda e simples. Meu filho faz coisas que simplesmente derretem meu coração, pois ele as faz de um jeito muito bonitinho.

Uma das coisas que ele adora fazer é subir no meu colo e simplesmente ficar sentado ali. Ele tem uma pequena bateria de brinquedo que gosta de tocar. Então, meu filho pega minha mão e me puxa para sentar ao seu lado para que ele possa tocar bateria. Ele sobe no meu colo e começa a bater naqueles tambores. Ele não está preocupado com a minha próxima reunião ou com meus planos. Ele apenas sobe no meu colo e gosta do meu abraço. Como meu filho, ele tem minha atenção, minha proteção e minha força.

Em nosso relacionamento com Deus, temos essa mesma oportunidade. Temos sua atenção e seu carinho. Temos a capacidade de subir no colo do Pai e experimentar o Seu Reino. Podemos entrar com ousadia no trono de Deus porque nos foi dado esse direito.

Deixe-me lhe explicar o poder da sua filiação.

CAPÍTULO 2: SEU PONTO DE PARTIDA: IDENTIDADE

"Vejam que grande amor o Pai nos tem concedido, a ponto de sermos chamados filhos de Deus". - 1 João 3:1a (NAA)

A filiação muda tudo

Como mencionei, aprendi muito sobre ser pai depois que tive meu filho. Ele tem o privilégio de ser americano e brasileiro. Tem duas cidadanias e até dois passaportes. Mesmo tendo nascido no Brasil, ele é americano porque eu sou seu pai. Ele não fez nada para merecer o direito de ser americano. Ele é americano desde o nascimento por causa de sua identidade.

A Bíblia nos ensina que a identidade vem do Pai. Assim como Jesus recebeu a afirmação de filho de Deus Pai no momento em que Ele foi batizado. (Mt 13:17). Olhe para o seu sobrenome. Você tem o sobrenome de sua mãe ou do seu pai? Normalmente, carregamos o sobrenome paterno que é o que geralmente é passado para as próximas gerações. Também é o pai que determina o sexo do bebê com o cromossomo "X" ou "Y". Existe muito poder e autoridade que decorre do fato de ser filho e viver como filho.

Depois que meu filho nasceu, precisávamos passar por todo o processo necessário para obtenção de sua cidadania americana. Foi um processo longo e muito trabalhoso! Tivemos que providenciar vários documentos aqui no Brasil e depois todos os meus documentos americanos originais. Eles precisavam ter certeza e provas de que eu era realmente seu pai. Por isso pediram fotos do seu nascimento e fotos nossas durante seus primeiros meses de vida. Foi um processo muito cansativo, mas valeu a pena porque assim ele poderá desfrutar de todos os benefícios a que tem direito por conta de sua filiação.

O processo de cidadania não envolveu apenas a "papelada". Tivemos que levar meu filho à embaixada dos EUA, em São Paulo, e apresentá-lo no local.

Quando fomos à embaixada americana, havia uma longa fila para a entrada principal que dava a volta na lateral da embaixada e se estendia por 300m. Essa fila estava cheia de brasileiros esperando para renovar seus vistos para os Estados Unidos ou para solicitar novos vistos. Enquanto caminhava pensei: espero que eu não precise ficar esperando naquela fila. Felizmente, enquanto olhava para a cerca existente na frente da embaixada vi outra placa, numa pequena porta com os seguranças atrás dela, que dizia: "Cidadãos dos EUA". Essa porta especial era um benefício da cidadania para nós.

Quando nos aproximamos, pediram para ver os meus documentos e os da minha esposa. Mostrei-lhes meu passaporte americano, bem como todos os documentos do meu filho. Em seguida, todos nós fomos autorizados a entrar, embora minha esposa seja brasileira. Quando entramos na embaixada fomos orientados a ir para um prédio especial, em uma sala especial que ficava longe daquela multidão de brasileiros. Era um local onde os cidadãos americanos faziam seus documentos. Por alguma razão, todo esse processo foi muito interessante pra mim. Fazia muito tempo que não voltava para visitar os Estados Unidos, por isso senti muita ternura no meu coração durante todo esse processo. Quando entramos nesta sala especial percebi que fiquei emocionado porque senti Deus Pai começando a falar comigo.

Esta sala parecia os Estados Unidos, fazia-me sentir como se estivesse nos Estados Unidos, tinha até cheiro dos Estados Unidos! Juridicamente falando, o local onde as embaixadas encontram-se instaladas não pertence ao país onde estão, mas sim ao país de origem das embaixadas. Portanto, para todos os efeitos legais, eu estava naquele momento pisando em solo americano e podia sentir isso.

Nesta sala havia uma pequena área de recreação para crianças, e o Ben Judah imediatamente correu pra lá e começou a brincar com os brinquedos que também eram americanos.

Havia brinquedos lá iguais aos que eu tinha quando era criança. Parecia que estávamos mesmo nos Estados Unidos. Meu filho ainda nunca tinha ido para os Estados Unidos, mas acredito que ele sentiu algo diferente naquele lugar. Comecei a chorar enquanto o Pai continuava a falar comigo através de tudo o que estava acontecendo ali.

Percebi como fomos abençoados e como meu filho Ben Judah é abençoado. A verdade é que ele não é um cidadão americano porque fez de tudo para ganhar essa cidadania, não tem passaporte americano porque trabalhou para isso ou porque realizou algo para isso. Não! Ele é americano porque é filho de um americano. Seu pai lhe deu o direito de ser americano e de ter uma identidade americana. Esse pensamento foi avassalador para mim enquanto assistia Ben Judah brincar.

Enquanto todas essas emoções e coisas aconteciam, eu estava tendo um encontro com Deus Pai, pois a verdade sobre isso tomou conta de mim; a verdade de quem somos por causa de Deus Pai e do que Jesus, o filho, fez por nós. Você não é mais órfão (Gálatas 4:7), mas um filho. Em outras palavras, esse texto diz o seguinte: "Você não é mais um escravo, mas filho de Deus; e porque você é filho dele, Deus fez de você também um herdeiro." Você não é apenas um filho... é um herdeiro e tem todos os direitos que um filho e herdeiro tem. Você tem acesso a tudo o que Deus Pai tem por causa dessa filiação.

Costumo falar sobre nossa relação de filiação com Deus Pai usando o seguinte exemplo: se eu for visitar meus pais nos Estados Unidos, eu tenho a chave da casa deles. E quando entro na casa deles, costumo ir imediatamente para a geladeira e pegar as comidas e as bebidas que estão lá dentro. Sento-me no sofá, na mesa de jantar e aproveito a casa deles. Sou filho deles e meu pai já me disse várias vezes que tudo que ele tem é meu. Tenho acesso a tudo e posso usar o que eu quiser. Essa é a beleza da filiação.

Agora, se você encontrasse essa chave que eu tenho e fosse para a casa dos meus pais, entrasse na casa e fizesse tudo o que acabei de descrever, isso seria um problema. Por quê? Porque mesmo que você tenha a chave, você não é filho do meu pai. Nada que ele tem é seu. Inclusive, se meus pais o vissem, pensariam que estava roubando as coisas deles, chamariam a polícia ou tentariam administrar a situação de alguma outra forma.

Apenas os filhos têm acesso ao pai, e apenas os filhos recebem uma herança. Órfãos não recebem herança. Os Órfãos não têm acesso ao Pai.

É muito importante que entendamos isso, porque é algo fundamental para nosso cristianismo! É o começo de cada oração, cada pedido, cada aspecto da minha caminhada cristã. Eu sou filho, tenho acesso ao meu Pai. É meu direito de nascença. Recebi o direito de ir com ousadia até o trono de Deus. Eu amo essa citação de J.J. Packer em seu livro "Conhecendo Deus":

"Se você quer julgar o quão bem uma pessoa entende o cristianismo, descubra o quanto ela entende sobre a ideia de ser filho de Deus e ter Deus como seu Pai. Se este não é o pensamento que induz e controla sua adoração e orações e todo o sentido da vida, isso significa que ele não entende o cristianismo muito bem...".

Tudo o que meu filho recebeu naquele dia como americano não foi por causa do que ele fez, mas por causa de quem eu sou. É parte de sua filiação e herança. Por causa de quem seu pai é, isso lhe dá o direito de receber os benefícios e a herança de um filho. Ele é abençoado porque é um filho.

O poder de sua filiação

Meu sonho de infância era servir nas forças armadas americanas. Eu desejava, especificamente, ser um fuzileiro naval e até sonhava em um dia ser um atirador (sniper) altamente treinado do Corpo de Fuzileiros Navais. Eu queria me tornar um fuzileiro naval em vez de apenas um soldado ou qualquer outra coisa, porque os fuzileiros navais têm uma reputação. Somos uma irmandade que é sempre chamada para ser a primeira a lutar. O Corpo de Fuzileiros Navais lutou em todas as guerras americanas desde 1775 e nunca perdeu nenhum conflito importante. Se você quer que algo seja feito, você chama os fuzileiros navais.

Essa reputação é mundialmente conhecida. Até o inimigo sabe que não deve se meter com você. Os alemães nos chamavam de "Tufel hunden", que significa "cachorro do diabo". Eles achavam que éramos cães cruéis. Em guerras como as do Vietnã, do Iraque e do Afeganistão, havia uma recompensa pelas cabeças de fuzileiros navais atiradores (snipers) como eu. O inimigo estava disposto a dar dinheiro para as pessoas que pudessem nos localizar e ainda mais dinheiro se elas ajudassem a nos matar.

Os fuzileiros navais snipers têm sido um trunfo para as guerras americanas nos últimos cem anos. E no Iraque não foi diferente. Servi três vezes no Iraque como fuzileiro naval. Duas delas como sniper. Houve uma grande batalha em novembro de 2004 em Fallujah, no Iraque. A luta foi tão feroz e os snipers foram tão mortais que meus superiores disseram que os sheiks da cidade juraram fazer qualquer coisa que quiséssemos se os americanos simplesmente removessem seus atiradores da cidade.

Eu fui para Fallujah na minha primeira viagem ao Iraque em janeiro de 2005 e experimentei, em primeira mão, a realidade do que é uma guerra.

Os fuzileiros navais têm uma reputação. Na verdade, sabemos que: "não existem amigos melhores, nem inimigos piores do que nós", o que significa que, se você é nosso amigo, somos os melhores amigos. Lutaremos por você, te ajudaremos e te protegeremos. Seremos grandes amigos. Mas se você é nosso inimigo não vamos parar até te caçar e matar. Este é o nosso trabalho. E somos muito bons nisso.

Como atirador de elite, o codinome do nosso pelotão era "Caçador de Recompensas" e tínhamos uma boa reputação. Mais de 10 anos após a guerra, postei uma foto no meu facebook, e um fuzileiro naval que fazia parte da minha antiga unidade comentou: "sempre nos sentimos seguros quando vocês estavam em missão. Sabíamos que o "Caçador de Recompensas" cuidaria de nós". É importante ter uma boa reputação com seus amigos, bem como com seus inimigos.

A boa fama é melhor do que um bom perfume.
(Eclesiastes 7:1a)

Você já se perguntou qual é o seu codinome ou apelido no céu? É 'filho' ou 'filha'! E você tem uma reputação poderosa no céu. Você é conhecido no céu, mas também é temido no inferno.

Jamais esquecerei quando Deus revelou minha reputação no inferno. Deus Pai falou comigo e disse o seguinte:
"Assim como o homem temia você como um franco-atirador, o inferno teme você como um filho!"

Você já se conscientizou que não deve ter medo do diabo, das suas mentiras, do inferno ou dos demônios? Na verdade, eles é que estão com medo de você! Se realmente você soubesse quem você é e acessasse o poder e a autoridade que Deus lhe deu, não temeria o inimigo, pelo contrário, o atacaria para que o medo viesse sobre ele. Você é poderoso porque é um filho.

Em uma manhã de domingo, no final de 2022, eu estava a caminho de uma igreja em São Paulo para pregar. Lá, eu deveria pregar em 3 cultos, mas enquanto estava em Campinas, indo para o meu voo de conexão, olhei na tela de informações e constatei que havia um atraso no meu próximo voo. Eu estava preocupado em chegar atrasado e perder metade do culto, ou até mesmo perder o primeiro culto inteiro.

Corri até o portão de embarque para ver se conseguia falar com alguém do balcão sobre o atraso que vi na tela de informações. Fiquei chocado quando perguntei à senhora que trabalhava na recepção e ela respondeu dizendo: "senhor, não há demora, tudo está na hora certa." Fiquei confuso. "Estranho" eu respondi, "a informação na tela dizia que o voo estava atrasado". Naquele momento ouvi o Senhor falar comigo e dizer: "você não vai se atrasar, esta é uma igreja de oração". E, de fato, depois de alguns momentos no portão, embarcamos no avião na hora certa.

Quando cheguei na cidade, desci do avião e fui recepcionado por um dos pastores. Em seguida, fomos direto para a igreja. Quando chegamos, o período de louvor estava quase no fim e eu basicamente cheguei e subi no palco para pregar. Eu estava cheio de expectativas sobre o que Deus queria fazer, pois tinha acabado de ouvi-Lo falar comigo sobre esta ser uma "igreja de oração". Enquanto eles me apresentavam, tive uma pequena visão de dois grandes anjos nos dois cantos da parte de trás da igreja. Eles eram realmente ENORMES! Eram mais altos do que o teto da igreja e eram muito intimidadores, até mesmo para mim.

Perguntei ao Senhor: "O que esses anjos estão fazendo aqui e qual é a responsabilidade deles?" Ele respondeu e disse: "Eles estão aqui para intimidar o inimigo!". Eu sorri e fiquei muito surpreso porque nunca tinha visto ou ouvido algo assim, e essa realidade começou a trazer clareza para meu espírito. Lembre-se: "o inferno tem medo de você porque você é filho de Deus". Não devemos ser intimidados pelo inimigo. Ele que deve ser intimidado por nós.

Subi no palco para pregar e contei a eles o que havia acontecido naquela manhã. Disse que eu provavelmente iria chegar atrasado no culto, mas Deus disse que vocês são uma igreja que ora. Além disso, contei que também vi os anjos nesta manhã dentro da igreja. Eu disse: "vocês têm dois anjos bem grandes no fundo da igreja, um em cada canto, e Deus disse que eles estão aqui para intimidar o inimigo!" A congregação explodiu em louvor e Deus fez milagres incríveis naquele dia. Até algumas palavras proféticas bem radicais e curas sobrenaturais aconteceram.

No dia seguinte um dos pastores me levou para almoçar e me disse que precisava compartilhar algo. Ele disse: "Sabe quando você falou que tinha dois anjos grandes no fundo da igreja que estão intimidando o inimigo?" Eu respondi: "sim, me lembro". Ele disse: "aqueles dois cantos de trás da igreja são onde os intercessores ficam. Temos duas equipes para cada culto e ambas as equipes se sentam naqueles cantos de trás para orar durante o culto!"

A revelação de Deus como nosso Pai

"Se você só conhece Deus como mestre, você só o ouvirá como um escravo. Se você apenas o conhece como amigo, você só o ouvirá como amigo. Mas se você o conhece como Pai, você o ouvirá como filho." Andy Frasure

Quando entreguei minha vida a Jesus em 2010, fui completamente transformado. Eu tinha sido viciado em drogas, álcool e várias outras coisas. Mas depois daquela noite de Ano-Novo, quando entreguei minha vida a Jesus, minha vida mudou completamente! Na verdade, minha conversão ao cristianismo é um pouco fora do normal.

Destruí minha vida por causa do álcool e depois do meu tempo no serviço militar, perdi um emprego que me pagavam muito bem. Pensava que trabalharia bastante tempo nesse local, pois ali conseguiria acumular grande quantidade de dinheiro para o meu futuro. Depois que isso aconteceu, eu me mudei para uma nova cidade e estava praticamente perdido na vida. Continuei bebendo muito e fazendo tudo o que era "divertido" e "me fazia sentir bem". Mas eu estava ficando sem dinheiro e cometi alguns erros que quase me custaram a vida, incluindo dirigir extremamente embriagado. Eu estava ficando sem opções e completamente perdido na vida.

Na noite de Ano-Novo de 2009-2010 eu estava a meio caminho de uma festa para comemorar o Ano Novo quando senti Deus falar comigo. Não sei como descrever como O ouvi porque não era audível. Ouvi como se estivesse falando ao meu coração. Ele basicamente me fez esta pergunta: "Andy, você já fez de tudo nesta vida para te fazer feliz e nada disso funcionou. Por que você não me dá uma chance?" Eu pensei sobre isso por um breve momento e percebi que Ele estava certo. Eu tinha feito tudo e nada funcionou. Eu vivi meus sonhos, ganhei muito dinheiro, usei drogas, tive mulheres, festejei, etc. e nada disso me fez feliz. Achei que não tinha muito a perder neste momento, então decidi simplesmente ir para casa e entregar minha vida a Jesus.

Cheguei em casa e percebi que se ia entregar minha vida a Jesus, provavelmente deveria tomar a santa ceia como um símbolo disso. Lembrei-me de que quando ia à igreja, tomar ceia era um sinal de aliança com Deus. Então fui até o computador e perguntei ao Google onde estavam os versículos que eram lidos para tomar a santa ceia. Fui até a cozinha pra pegar um suco de uva e pão, mas só tinha suco de laranja! Lembro-me que pensei: " Jesus, você transformou água em vinho, então isso tem que funcionar para alguma coisa". Naquela noite, sozinho em minha casa, tomei a santa ceia e entreguei minha vida a Jesus. Eu disse a ele que o colocaria em primeiro lugar na minha vida no próximo ano.

Todos os anos, no Ano-Novo, tomo santa ceia com pão e suco de laranja. Um ano eu estava no Havaí com minha esposa e na noite de Ano-Novo estávamos na mesma praia em que costumava festejar durante meus estudos na escola de atiradores. Em uma destas festas, fiquei tão bêbado que desmaiei na praia e acordei na manhã seguinte sob o calor do sol. Aquela noite de réveillon com minha esposa tomando a santa ceia juntos trouxe um sorriso enorme em meu rosto. Não pude deixar de agradecer a Deus por sua misericórdia e graça.

Naquela noite de 2009-2010, tive o que chamamos de experiência de novo nascimento (João 3:3). Eu me tornei uma nova pessoa. Meu antigo modo de viver e minha antiga vida estavam mortos, e agora eu estava vivendo uma nova vida em Jesus. Foi incrível! Mas, como eu descobriria mais tarde, ainda havia algumas coisas em minha mentalidade e em minha identidade que levariam tempo para mudar.

Embora eu soubesse que havia me tornado uma nova criação, a ideia de ser filho de Deus e saber o tipo de acesso que agora tinha não aconteceria até alguns anos depois. A filiação não apenas lhe dá identidade, mas também lhe dá acesso ao poder de Deus e à autoridade que Ele nos deu. A realidade da filiação viria alguns anos depois.

Em 2013 eu tive uma experiência com o amor de Deus e com a realidade de quem eu sou em Cristo que mudaria como viveria daquele ponto em diante. Gosto de dizer que nasci de novo a partir dessa experiência, porque foi assim que me senti na época. Eu havia recebido uma nova identidade quando fui salvo em 2010, mas não sabia como acessar os benefícios e a realidade da filiação até esta revelação do Pai em 2013.

Na época, eu tinha acabado de me inscrever para uma viagem de missões de 11 meses em 11 países ao redor do mundo. Eu vinha seguindo Jesus há anos, mas não sentia que tinha entregado minha vida completamente a Ele. Eu tinha ouvido falar sobre uma viagem chamada "The World Race" que viajaria ao redor do mundo para 11 países em 11 meses, compartilhando o amor e o poder de Jesus com o mundo. Então me inscrevi e logo fui aceito para participar, agora, precisava vender todas as minhas coisas e me preparar para viajar pelo mundo.

Fiquei sabendo de uma conferência chamada "Power and Love" que iria acontecer alguns dias antes do meu treinamento para a viagem missionária que ia fazer. Esta conferência era totalmente diferente de tudo o que eu já havia participado. Era uma conferência em que primeiro você ouvia a pregação do evangelho, depois você era ativado no poder profético e curador de Deus e depois de cada sessão você ia para as ruas na cidade levar o evangelho às pessoas, curá-las e realizar milagres.

Os palestrantes foram Todd White, Dan Mohler e Bob Haslett. Eu já tinha ouvido falar de Todd White porque tinha visto seus vídeos no Youtube pregando o evangelho nas ruas e pessoas sendo curadas e libertas ao vivo! Isso estava acontecendo quando entreguei minha vida a Jesus em 2010 e me inspirou a tentar e fazer a mesma coisa. Apesar de tentar em 2010 nunca obtive os mesmos resultados que Todd.

Naquele momento eu morava na Geórgia, e esta conferência foi em Kentucky. Eu não conhecia ninguém de lá e não tinha muito dinheiro, mas sabia que precisava ir. Então fui. Na verdade, eu estava indo para esta conferência, depois para o treinamento missionário por uma semana e depois tinha planejado dirigir pelos Estados Unidos em direção a casa dos meus pais, em Idaho, antes de começar a viagem missionária The World Race. Este tempo que fiquei viajando de carro pelos Estados Unidos acabou durando 2 meses e meio. Visitei 40 estados diferentes e vi pessoas curadas e libertas em todos os lugares, incluindo no topo de um arranha-céu chamado Rockefeller Center, na cidade de Nova York.

Quando cheguei à conferência Power and Love, Dan Molher estava pregando. Ele pregava o evangelho, mas de uma maneira totalmente diferente. Parecia que eu nunca tinha escutado o evangelho antes.

Ele pregou com uma autoridade e entendimento que só vem de alguém que realmente conhece a Deus e era conhecido por Ele. Era como se Dan Molher tivesse um relacionamento íntimo e profundo com Deus, relacionamento que eu pensava ter, mas na realidade não tinha.

Já se passaram 10 anos, mas até hoje posso contar a você a maior parte do que ele pregou. Ele pregou sobre o texto de João 14, sobre como Jesus não nos deixou órfãos, mas veio até nós. Sobre como Ele está revelando o Pai para nós e está nos enviando o Espírito Santo também. Foi uma mensagem sobre o amor de Deus Pai, e eu senti como se tivesse sido batizado no amor de Deus naquela noite. Foi incrível porque também conheci um casal que não me conhecia, mas perguntou onde eu estava hospedado para a conferência. Eu disse que dormiria em minha caminhonete nos próximos dias e tomaria banho em uma academia. Eles me disseram que não podiam permitir que isso acontecesse e pagaram um quarto de hotel pra mim durante os 3 dias da conferência! Durante toda a conferência Power and Love experimentei o amor de Deus de uma forma devastadora.

Depois que encontrei Deus Pai e recebi uma revelação de seu amor como Pai, a forma com que eu passei a interagir com Deus mudou totalmente. Da mesma forma, o que eu podia receber e ouvir de Deus também mudou.

Sempre pensei que somente as pessoas tivessem o dom de profecia e de cura isso poderia acontecer porque elas eram mais especiais do que outras. Contudo, depois daquela conferência, percebi que somos todos filhos e temos um bom Pai. Por isso, todos temos acesso ao Pai e todos podemos fazer as mesmas coisas que Jesus fazia porque Ele nos deu poder e autoridade para isso (Mateus 28). Também foi nessa conferência que tive minhas primeiras palavras de conhecimento e fui ativado no profético para curar e profetizar.

Depois daquele dia comecei a receber palavras proféticas e de conhecimento para as pessoas e comecei a vê-las sendo curadas quase todos os dias. Comecei a experimentar na prática as coisas que Jesus disse que poderíamos fazer porque recebi uma revelação de quem o Pai é e quem nós somos como filhos de Deus.

Quando entendemos quem o Pai é e quem nós somos, podemos fazer o que Jesus fez e ainda mais (João 14:12). Parece loucura pensar que podemos fazer mais do que Jesus fez, mas é exatamente isso que a Bíblia diz. Também diz que o MESMO Espírito que ressuscitou Cristo dentre os mortos vive em você (Romanos 8:11). Não 50% do Espírito, mas o mesmo Espírito. Não lhe falta nada, você só precisa aprender a andar na sua identidade de filho e acreditar no que Deus disse sobre você.

Existem verdades com as quais precisamos nos alinhar que mudarão o curso da história. Se realmente souber quem você é, e quem Deus Pai é, entenderá seu propósito e viverá a partir do poder desse propósito. Você foi destinado a viver uma vida sobrenatural, curando os enfermos, ressuscitando os mortos e trazendo a compreensão do amor de Jesus e a esperança do Pai a um mundo que está morrendo em seus pecados.
Nossa identidade como filho e a revelação do Pai é um lugar de proteção para nós no profético, porque nosso Pai nos cobre com seu amor. Hoje não tenho medo de errar porque sei que tenho meu Pai comigo e, se necessário, posso recorrer a Ele para limpar qualquer bagunça que eu fizer. Quando conhecemos nosso Pai, sabemos como nos aproximar Dele, como ouvi-Lo e como viver nossas vidas de acordo com o propósito que Ele projetou para nós.

A revelação de nosso Pai é a verdade sobre a qual Deus edifica as nossas vidas. É exatamente isso que Jesus veio revelar e restaurar. Ele disse inúmeras vezes que veio para nos mostrar o caminho para o Pai (João 14:6). Ele veio para nos dar acesso ao Pai porque no Pai temos identidade, temos proteção, temos afirmação, temos herança, temos tudo que precisamos!

Sempre que houver verdade e a encontrarmos, o inimigo tentará fazer você acreditar nas mentiras dele. Acredito que esse seja o nosso maior desafio

Em quem e no quê você vai acreditar?

CAPÍTULO 3: OUVINDO O QUE DEUS QUER DIZER PARA VOCÊ

"As minhas ovelhas ouvem a minha voz; eu as conheço, e elas me seguem." - João 10:27

Pelo fato de ter me sentido chamado desde muito jovem para ser alguém profético e carregar uma voz profética, sempre desejei uma coisa acima de tudo: ouvir a voz de Deus. O meu maior desejo, acima de tudo em minha caminhada com Deus, é ouvir Sua voz e ouvi-la com precisão.

Quando nos tornamos cristãos e fazemos de Jesus Cristo nosso Senhor e Salvador, começamos uma jornada para aprender a ouvir Sua voz. No momento em que escrevo este livro, tenho um filho de quase dois anos e é possível notar uma diferença na maneira como ele responde quando alguém chama seu nome e quando eu o chamo pelo nome. Sua resposta à minha voz é claramente diferente da resposta que ele dá em relação à voz de qualquer outra pessoa. Ele responde à voz de seu pai. Há segurança, amor, afirmação e conforto na voz do Pai. Isso acontece porque um filho aprendeu a confiar na voz de seu pai acima de qualquer outra voz.

Não sei se você já praticou esportes, mas quando estava na escola, treinei luta grego-romana por alguns anos. A luta greco-romana é um esporte individual. É só você e a outra pessoa, sozinhos, no tatame por três rodadas de dois minutos cada. Quando você está lutando, o clima é tenso. A sala não está silenciosa. Na verdade, TODOS estão gritando. Sua mãe e seu pai estão gritando, seus fãs da escola estão gritando, seus amigos estão gritando. É difícil distinguir o que alguém está dizendo. Além disso, você tem um adversário, e o treinador dele está gritando, assim como a família e amigos dele também. A sala está cheia de gritos e barulho.

No entanto, apesar de tudo isso, é incrível como você ainda consegue ouvir a voz de alguém que conhece e confia. Você pode estar ali no meio de todo esse ruído, mas se realmente se concentrar, conseguirá ouvir a voz de seu próprio treinador e a direção que ele está lhe dando. Por quê? Porque você passou horas e horas treinando com ele. Você aprendeu a confiar na voz dele, aprendeu a identificar o tom da sua voz, bem como as palavras e termos específicos que ele está dizendo lhe dizendo. Aprendeu como isolar o barulho ao seu redor e ouvir a única voz que precisa ouvir em meio ao caos.

Acredito que podemos fazer a mesma coisa com a voz de Deus Pai. Na verdade, gostaria que tentasse algo agora mesmo. Em meio a todas as distrações que podem estar acontecendo em sua vida, contas que precisa pagar, impostos, problemas de relacionamento, desafios familiares, trabalho, igreja, política, etc. mantenha-se receptivo à voz do Pai que pode se sobrepor a todas essas distrações e falar contigo. Peça que Ele fale com você como um pai falaria com um filho.

Faça-lhe esta pergunta: "Deus Pai, o que o Senhor pensa sobre mim? E que informação o Senhor gostaria de me dar hoje?" Então espere e fique na expectativa de receber uma resposta. Lembre-se de que o Pai sempre tem algo a dizer ao filho.

Lembro-me da primeira vez que realmente fiz essa pergunta a Deus. Fechei os olhos e disse: "Deus Pai, o que o Senhor pensa sobre mim?" Então, apertando os olhos e voltando minha atenção para ouvi-Lo, escutei: “ Eu vejo que você é tão bonito quanto uma flor”. Fiquei surpreso e no começo pensei: “Sou um homem! Deus nunca diria isso pra mim. Deve ser o diabo que está falando! Arreda-te de mim satanás!”

Mas, então, pensei em todas as coisas que acho bonitas: as ondas do oceano, o nascer e o pôr do sol, a Aurora Boreal, etc. e, naquele momento, percebi que Deus é quem fez todas essas coisas. Então a definição de beleza Dele é muito maior que a minha! Isso me deixou muito animado! O mesmo Deus que faz um lindo pôr do sol e que criou a Aurora Boreal, esse mesmo Deus disse que eu sou lindo!

É de grande urgência que aprendamos a ouvir bem a voz de Deus de forma pessoal antes de tentarmos ouvir Deus e profetizar para outras pessoas. As coisas devem primeiro começar DENTRO de mim antes que possam sair de mim.

Se não consigo ouvir a voz de Deus para mim, nem aprender a discernir o que Ele está me dizendo, será muito difícil ter segurança em ouvi-Lo acerca de outras pessoas e discernir o que Ele está dizendo a elas.

Muitas vezes as pessoas não conseguem isolar os ruídos da vida, tais como expectativas, desejos, o calor do momento ou a pressão para realizar algo, e acabam realmente não conseguindo entender o que Deus está lhes dizendo. Ouvir Deus nem sempre é fácil, mas é absolutamente necessário em nossa caminhada como filhos e filhas.

Desafios para ouvir a voz de Deus

Existem muitas razões pelas quais ouvir a voz de Deus pode ser um desafio para nós. Assim como na luta grego-romana, onde você tem vários ruídos externos e várias vozes gritando, a vida também é da mesma forma. Existem vozes que querem falar e influenciar sua vida, mas não são de Deus. Opiniões e ideias estão por toda parte. Até mesmo pessoas a quem você não perguntou nada nas redes sociais querem dar opinião sobre você, sobre o que pensa ou acredita. O mundo hoje está cheio de distrações e vozes que tentam te influenciar. Isso faz com que ouvir a voz de Deus de forma pessoal se torne mais difícil ainda. Foi o que aconteceu nas eleições presidenciais de 2020 nos Estados Unidos. Muitos profetas começaram a postar nas redes sociais que "Deus disse" que o presidente Trump seria reeleito. Mas o perigo é que quando alguém faz uma grande afirmação profética como essa e outros tomam conhecimento, eles podem começar a se sentir pressionados e influenciados pelo que esses outros profetas estão dizendo. O resultado disso é que começam a entregar palavras proféticas com base no eco de outros, ao invés de buscar ouvir a voz de Deus.

Gosto de enfatizar esse ponto quando ensino sobre o profético porque é terrível constatar o quanto o termo "Deus disse" é utilizado para coisas que Deus de fato não disse. Tem uma pergunta que gosto de fazer para as pessoas quando estou ensinando sobre o profético, principalmente para as mulheres: "Quantas de vocês aqui tiveram mais de um homem dizendo que 'DEUS DISSE' que você seria sua esposa?" Não é de surpreender que a maioria das mulheres que estão na igreja há mais de um ano levantem a mão. Então eu pergunto: "Você acha que Deus é quem realmente disse a mais de um homem que você deveria ser a esposa dele?" O que exatamente está acontecendo aqui? Muitas vezes, o que as pessoas pensam ser a voz de Deus são, na verdade, seus próprios desejos ou suas próprias observações naturais. É por isso que precisamos, como Jesus disse, conhecer a sua voz, ser conhecido por Ele e segui-Lo. (João 10:27).

Dessa forma, não estarei ouvindo meus próprios desejos e apenas colocando o nome de Deus nisso.

Ainda sobre este tópico, gostaria de compartilhar um exemplo apenas como título de ilustração. Anos atrás, um casal saiu de uma igreja em nossa cidade, e veio para a nossa. Eles disseram "Deus disse" que precisamos vir para a Igreja Younity. Nós dissemos "tudo bem, sejam bem-vindos aqui". Cerca de três semanas depois, minha esposa pregou uma mensagem e mais tarde, naquela semana, começamos a receber perguntas sobre um assunto que esse casal não concordava. Então começaram a dizer que tinham perguntado a um amigo em comum que também era pastor sobre suas preocupações com nossa mensagem; e, supostamente, nosso amigo em comum teria concordado com eles, dizendo que estávamos errados no que críamos. No final daquela semana, eles nos enviaram uma mensagem pelo Whatsapp e disseram "Deus disse que deveríamos deixar sua igreja". Você realmente acha que Deus disse para eles deixarem nossa igreja, ou acha que eles ficaram ofendidos e simplesmente não acreditaram na mesma coisa que nós acreditamos?

É importante ressaltar aqui que, no corpo de Cristo, temos certos requisitos que são exigidos para que a pessoa seja considerada um cristão. Por exemplo: Jesus é o filho de Deus que veio para morrer em nosso lugar para o perdão dos nossos pecados para que, crendo Nele, tenhamos a vida eterna (João 3:16). Porém, há outras coisas, como por exemplo o batismo, que possui algumas peculiaridades, mas que não altera a sua salvação. Contudo, existem pessoas que acreditam de maneira diferente. Alguns acham que você precisa ser batizado de costas, mergulhando a cabeça totalmente na água, dentro da igreja; outros acham que você pode fazer isso na praia e tudo bem. Outros acham que precisa se inclinar para a frente e colocar a cabeça na água, e outros dizem que você pode simplesmente espirrar água na cabeça. Todas essas coisas são apenas detalhes, pois já vi soldados sendo batizados com baldes de água quando estavam indo para a guerra. Às vezes as pessoas permitem que esses princípios que não afetam a salvação e façam diferença, dividam a igreja. Você pode fazer parte de uma igreja e não ter as mesmas opiniões e crenças. Essa é a beleza do corpo de Cristo.

Pessoalmente, descobri que um dos maiores desafios que encontrei para ouvir a Deus, enfrentados por mim e pelos outros, é o medo.

Temos medo de que o que ouvimos não venha Deus e sim apenas dos nossos próprios pensamentos. Temos medo de que o que ouvimos seja do diabo e ele esteja tentando nos enganar. Ou, ainda, temos medo até mesmo de tentar ouvir Deus porque talvez Ele nos diga para fazer algo que na verdade não queremos fazer!

O medo é algo que adquirimos através das nossas experiências pessoais na vida. Talvez uma figura paterna que nos machucou, ou um líder que traiu nossa confiança. Ou talvez apenas já cometemos tantos erros ao tentar ouvir a Deus que nos tornamos parceiros do medo.

O propósito do medo

Há muitas coisas que podemos dizer sobre o medo, mas Deus me ensinou algo importante que quero compartilhar com você.

Sou surfista. Gosto de surfar e aprendi que este é o meu lugar de conexão com Deus. Quando era criança, morei no Havaí por dez anos e pude aprender a surfar. Então, quando preciso ouvir Deus sobre algo específico, vou surfar.

Há alguns anos fui a uma praia aqui de Florianópolis para surfar. Tinha acordado umas 4h30 da manhã para chegar na praia às 5h30, bem antes do sol nascer. Eu estava animado porque a previsão era de que as ondas estariam muito boas, e eu queria ser a primeira pessoa na água. Cheguei no local e estava vestindo a roupa de mergulho quando olhei para fora e vi o que parecia ser a barbatana de um tubarão exatamente no ponto onde iria surfar. Imediatamente, tomado pelo medo, lembrei que minha esposa, que é brasileira, me disse que não existem grandes tubarões no Brasil. Então, tentei dizer a mim mesmo que aquilo deveria ser a nadadeira de um golfinho.

Entrei na água e comecei a remar, tentando tirar a barbatana e o medo da minha mente. Finalmente cheguei ao local onde as ondas estavam quebrando e logo percebi que este era o local exato em que vi a barbatana de tubarão. Agora estava ali, preso. Será que fico e tento pegar as ondas? Ou devo me mover e perder o lugar certo para pegar as ondas? Eu comecei a fazer uma oração que nenhum surfista deve fazer: "Senhor, envie mais surfistas aqui para que eles possam ser comida de tubarão e não eu!"

Pensando na pequena lista de opções que tinha naquele momento, decidi que me moveria 50m para a direita, para longe de onde vi a barbatana, embora logicamente isso não fizesse sentido algum, pois os tubarões também podem se mover! Assim que comecei a me movimentar, ouvi Deus falar comigo. Ele disse: "O medo é uma distração". Respondendo a Deus na minha mente eu disse: "Sim, e está funcionando! Estou com medo e muito distraído".

Enquanto me movia 50m para "sair do espaço dos tubarões", Deus continuou falando comigo: "o medo é uma distração, o medo é uma distração". Lembro-me de pensar: Por que Ele está dizendo isso e não está dizendo algo como "ei, filho, fique tranquilo, não é um tubarão" ou "ei, filho, relaxa, ele já tomou café da manhã". Nos quinze ou vinte minutos seguintes as ondas quebraram a 50m de mim, exatamente no local que eu estava antes e não consegui pegar nenhuma delas porque não estava na posição certa. Sentado ali e frustrado, ouvi Deus esclarecer o que estava dizendo, Ele disse: "filho, o medo é uma distração para te tirar da posição correta". Quando ouvi isso, ri alto para mim mesmo. O medo havia cumprido seu propósito.

O medo é uma distração que nos tira da posição que Deus quer que ocupemos. Quando estamos tentando ouvir a voz de Deus e estamos com medo, colocamos um muro entre Ele e nós e não conseguiremos ouvi-Lo.

Se formos dominados pelo medo, isso eliminará nossa oportunidade de realmente sintonizar a voz de Deus e ouvir o que Ele tem a dizer. Muitas vezes as pessoas pensam que Deus não fala ou que Ele não quer falar com elas. Porém, muitas vezes é o medo que temos de ouvir a Deus incorretamente ou simplesmente de ouvi-Lo que limita nossa capacidade de ouvir Sua voz.

Surpreendentemente, enquanto eu digitava as palavras para contar esta história do tubarão, um amigo da época em que estive no exército me ligou. Eu atendi e ele imediatamente disse "Andy, você não vai acreditar onde estou e o que estou fazendo!" Eu perguntei: "Onde você está? Me diga!" Ele respondeu: "Estou na Colômbia, sozinho, andando pela cidade e amanhã vou mergulhar com tubarões-tigre e todos os outros tipos de tubarões que só existem nesta ilha perto de Mapelo, Colômbia."

Embora você não ache isso algo sensacional, acredito que Deus quer usar o que acabou de acontecer para falar profeticamente com você. Por quê? Porque meu amigo que agora está curtindo sua vida mergulhando com tubarões costumava ter medo de tubarões! Ele tinha muito medo, inclusive, até de sair da cidade onde morava, pois experimentou não somente traumas de guerra e morte, como também outros traumas ao longo de sua infância e vida. Mas a questão é a seguinte: ele foi curado e já conseguiu superar muitos dos seus medos; e há graça de Deus para você também superar os seus. Você não precisa temer ouvir a Deus e permitir que o medo o impeça de se posicionar como filho. Não permita que o medo o distraia do que Deus Pai quer falar com você!

Outro fator que descobri que limita muito nossa capacidade de ouvir a voz de Deus é que, na verdade, não separamos tempo para ouvi-la. "Vocês me buscarão e me acharão quando me buscarem de todo o coração." Jeremias 29:13 (NAA)

Naqueles dias, Jesus se retirou para o monte, a fim de orar, e passou a noite orando a Deus. Lucas 6:12 (NAA)

Quando eu realmente preciso ouvir a Deus, eu separo um tempo para isso, indo surfar, escutando-O de forma intencional. Eu me afasto das distrações, de tudo que está acontecendo na minha vida, e lá no mar, em meio à Sua criação, paro para ouvi-Lo. Deus já falou comigo especificamente em áreas que eu precisava ouvi-Lo de forma clara como quando me casar com minha esposa, me chamando para começar uma igreja, qual seria o nome de nossa igreja, bem como algumas orientações específicas para ela.

Antes de Jesus chamar seus doze discípulos em Lucas 6:13, o texto diz que ele "passou a noite na encosta de uma montanha orando a Deus". Quando intencionalmente reservamos um tempo para ouvir a Deus, Ele intencionalmente fala conosco. Embora eu acredite que

Ele sempre está dizendo algo, se não estivermos ouvindo-o ativamente, não seremos capazes de escutar o que Ele está dizendo.

Maneiras de Deus falar e como ouvi-Lo melhor

Na Bíblia, Deus fala por meio de profetas (Lucas 1:70), por meio da natureza (Romanos 1:20), por meio de anjos (Lucas 1:30, Mateus 28:5), por meio de sua palavra (2 Timóteo 3: 16). Ele até falou por meio de um jumento (Números 22:28).

Deus não fala apenas português ou inglês. Ele não é limitado como nós somos. Se não aprendermos a língua do espírito podemos não perceber quando Ele está falando conosco.

Qual é a linguagem do Espírito? Acredito que seja uma linguagem profética. É assim que percebemos quando Deus está falando através de um filme ou não. É como sabemos se Deus está falando quando uma certa passagem bíblica confirma alguma questão específica que temos, mesmo que não seja um versículo exatamente sobre a referida questão. É como podemos confirmar em nosso coração que Deus nos chamou para fazer algo específico, mesmo que não faça sentido naturalmente.

Se quisermos ouvir a Deus através da língua que Ele fala, precisamos acreditar pela fé que Ele está falando e quer falar. Hebreus 11 fala sobre fé. No versículo 6 lemos o seguinte: "E sem uma fé viva dentro de nós seria impossível agradar a Deus. Pois chegamos a Deus com fé, sabendo que Ele é real e que recompensa a fé daqueles que o buscam com paixão." Hebreus 11.6 (TPT)[1].

Com o que Ele nos recompensa? Ele nos recompensa com a melhor

---

1 Nota do revisor: TPT é a sigla de The Passion Translation, em tradução livre.

coisa que existe: Ele mesmo. À medida que avançamos com fé para ouvir a Deus, começamos a experimentá-lo e a aprender como é a Sua voz.

Não encontrei outra maneira de saber se a voz que ouço é de Deus ou não, a não ser arriscando e vendo se o que ouço é realmente Dele. Eu faço isso pessoalmente em minha vida e profeticamente também ao profetizar sobre os outros.

Pessoalmente, é assim que eu faço: peço a Deus que me dê um sonho à noite para me ajudar com algo específico e quando tenho esse sonho eu o uso para me ajudar a seguir o que acredito que Deus está dizendo. Ou então peço a Deus conselhos sobre investimentos e então invisto meu dinheiro naquilo que acredito estar ouvindo.

Na verdade, acho que ouvir de Deus sobre onde colocar meu dinheiro é uma das maneiras mais práticas de treinar a prática de ouvi-lo por mim mesmo. Eu faço isso com relação a ofertas também. Que melhor maneira de se arriscar a fazer algo por fé do que fazer o que Deus diz com seu dinheiro?

Por exemplo, houve um ano em que acreditei que Deus me disse que se eu desse uma certa quantia em ofertas, semanalmente, receberia como retorno uma porção específica naquele ano por meio de meus fluxos de renda. Pus à prova o que tinha ouvido, e realmente aconteceu! Então, no ano seguinte, eu disse: "Ok. Deus, me dê uma promessa de receber o dobro este ano e darei o dobro". Ele respondeu: "Onde está a sua fé? Que tal você dar o dobro primeiro e ver

se eu não devolvo o dobro?" Era um risco maior, mas eu obedeci, e naquele ano minha família recebeu praticamente o dobro do que ganhamos no ano anterior!

A Bíblia diz "não temos porque não pedimos" (Tiago 4:2-3). Além de não pedirmos, também acredito que não temos por que não estamos dispostos a correr riscos pela fé. Estou sempre experimentando a voz de Deus de pequenas maneiras porque sei que haverá momentos em que precisarei ouvir a Deus sobre grandes coisas, cujas consequências serão muito maiores, caso não o escute ou o escute de forma incorreta.

Ouvindo Deus nos Negócios

Anos atrás, enquanto eu frequentava a Escola de Ministério Sobrenatural da Bethel Church, em Redding, Califórnia, senti que o Senhor colocou em meu coração que eu precisava entender diferentes idiomas. Na verdade, eu estava lendo Atos 2 quando o Espírito Santo desceu e todos começaram a falar em outras línguas. Mas o que eu senti que Deus falou comigo não foi para ir estudar línguas naturais, mas para estudar línguas específicas em campos específicos. Por exemplo, um médico entende um vocabulário médico, como o que é um bisturi, qual é a diferença desta ferramenta com relação a outras. Da mesma forma, uma pessoa de negócios conhece uma linguagem de negócios. Conhece termos como retorno sobre investimentos, o que é patrimônio líquido, o que é alavancagem financeira, o que é receita bruta e receita líquida, etc. Cada profissional tem termos, palavras e linguagem que são específicas no seu campo de atuação.

Sinceramente, senti que Deus estava falando comigo e me encorajando a aprender sobre o ramo empresarial para que eu pudesse ouvi-Lo e falar profeticamente ao mundo empresarial usando termos comerciais. Mas quando Deus o chama para profetizar em uma determinada esfera de influência, às vezes Ele também o chama para se tornar parte dessa esfera para ganhar influência. Neste caso, para mim foi começar a conhecer e iniciar o meu próprio negócio.

Então decidi fazer faculdade e estudar sobre Administração de empresas e Empreendedorismo. Achei que se aprendesse o que eles fazem e como fazem, seria capaz de profetizar usando a "linguagem" deles. Mas algo interessante aconteceu. A primeira aula que tive foi sobre "o que é um empreendedor?" E a primeira atividade era fazer um teste para ver se você tinha as "características" de um empreendedor ou não. Surpreendentemente, eu tinha a maioria das características e foi um momento de descoberta pessoal quando percebi que tinha sido empreendedor a vida toda, mas realmente não entendia isso e não sabia o que fazer com isso.

Então, enquanto estudava na escola de ministérios e fazia faculdade online sobre Negócios e Empreendedorismo, Deus me desafiou também a iniciar um negócio. Na verdade, um homem chamado Kevin Dedmond, que era pastor na Igreja Bethel, me pediu para fazer alguns serviços na sua casa. Eu concordei e fui fazer o primeiro trabalho, sem saber muito sobre o valor da minha mão de obra ou exatamente o que o trabalho implicava. Cobrei apenas uma pequena quantia em dinheiro, algo como US $15 por hora. Depois de fazer todo o trabalho, ele disse que estava satisfeito com o que fiz e me convidou para continuar trabalhando para ele.

Depois de trabalhar para ele por algumas semanas, decidi que talvez devesse arriscar mais e abrir uma empresa de verdade e buscar trabalhos maiores. Foi o que fiz. Comecei a pegar tudo o que estava aprendendo sobre minha identidade em Cristo na escola de ministério da Bethel e tudo o que estava aprendendo na faculdade de administração e aplicar ambos os conhecimentos, espiritual e práticos, na minha nova empresa.

Por exemplo, ao aprender sobre minha identidade e meu valor como filho de Deus por meio de Cristo Jesus, aprendi que deveria aumentar meus preços. Quero dizer, um filho de Deus que faz um trabalho excelente porque é filho deveria cobrar pelo menos US $20 por hora, pensei. E as pessoas começaram a me pagar esse valor sem questionar. Então eu pensei: uau! Talvez meu trabalho tenha o valor de $30 por hora e as pessoas também pagariam sem problemas! À medida que cresci em experiência e qualidade de trabalho, comecei a cobrar $40 e mais tarde $50 ou mais por hora com base no valor da minha identidade. Mas eu não estava apenas cobrando $50 por hora por um serviço que valeria apenas $10 por hora de trabalho. Não. Eu precisava fazer meu trabalho valer $50 por hora também. Então comecei a fazer as coisas com ainda mais excelência, assim como é no Reino de Deus.

Enquanto tudo isso acontecia, comecei a experimentar ouvir a voz de Deus em meu negócio. Comecei a perguntar a Ele quais orçamentos as pessoas aceitariam, quais clientes realmente me escolheriam em vez de outros empreiteiros e até quais preços eu deveria colocar. Houve um tempo de fato que orei por cada trabalho, segui a voz de Deus e consegui mais de vinte orçamentos sem nunca ninguém me recusar! E não era porque eu era o mais barato, era porque eu estava seguindo a voz de Deus. Certa vez, Deus me disse para adicionar alguns milhares de dólares a um trabalho porque levaria um pouco mais de tempo para realizá-lo e o cliente estaria disposto a me pagar mais de qualquer maneira. O que aconteceu foi que o cliente aceitou o contrato, e se eu não tivesse dado ouvidos ao que acreditava ser a voz de Deus e não tivesse arriscado aumentar o meu preço naquele trabalho, teria perdido dinheiro.

Nesse ponto, gostaria de ressaltar que antes de tomar meu testemunho e o que Deus fez por mim como regra, você deve perguntar a

Deus o que deve fazer. Você não pode simplesmente copiar o que Ele me disse e esperar que funcione contigo . Não há como você dizer: "ah, eu li este livro e o Andy deu ofertas duplas e Deus deu a ele renda dupla, então vou fazer o mesmo e Deus vai dobrar minha renda!" Não, não funciona assim. Deus quer te dar uma direção específica, Ele quer caminhar com você em sua vida, em suas circunstâncias e testar sua obediência. Sim, isso mesmo: testar sua obediência. Lembre-se de que Jesus disse "minhas ovelhas conhecem a minha voz, ouvem-me e seguem-me." (João 10:27). De fato, Jesus foi obediente ao Pai até a morte (Filipenses 2:8) e por causa dessa obediência Ele recebeu o nome acima de todos os nomes.

Deus não quer robôs fazendo a mesma coisa que o outro está fazendo. Ele quer formar filhos e filhas que conheçam a voz do Pai. Ele está interessado em te ajudar, te dar sabedoria e discernimento. Ele quer te dar soluções para os problemas e falar com você.

O Deus das soluções empresariais

Certa vez precisei de ajuda em uma situação específica dos meus negócios. Eu tinha uma van com todas as minhas ferramentas e todo o meu equipamento e tinha, também, um trabalho agendado para fazer. O problema é que estava com um pneu furado e não conseguia tirar o pneu da van para trocá-lo por um novo. Eu fiquei cerca de uma hora tentando de tudo para tirar o pneu e não consegui! Eu não tinha dinheiro para chamar uma empresa para vir fazer isso por mim e só precisava de uma solução para poder trocar o pneu e ir para o trabalho. Então orei e pedi a Deus para me ajudar: "Pai, mostre-me como posso tirar esse pneu".

Após essa breve oração eu tive uma pequena visão em minha mente. Eu vi o 'macaco', ferramenta que é usada para levantar o veículo, mas em vez de ele estar debaixo da van para levantá-lo, eu o vi dentro do pneu empurrando o pneu para fora! Imediatamente soube que Deus estava falando comigo através de uma palavra de conhecimento. Então fiz exatamente o que vi na visão e em menos de um minuto consegui trocar o pneu da van e ir para meu trabalho.

Talvez isso soe um tanto bizarro para você, mas acho que isso deveria ser normal para nós como filhos e filhas de Deus! Deus quer falar conosco em todas as circunstâncias de nossas vidas, mas você já deu a Ele uma chance de falar com você?

O que fazemos quando Deus parece estar em silêncio?

Eu sei o que você está pensando: "Andy, você disse que Deus está sempre falando, mas não sei se acredito nisso porque não acho que seja verdade".

Lembro-me de uma vez em que fiquei frustrado porque não parecia que Deus estava falando, ou talvez simplesmente não estava conseguindo ouvi-Lo naquele momento. Fiquei muito frustrado com isso porque realmente precisava ouvir Sua direção em relação a algumas coisas muito importantes. Então eu fiz o que todas as crianças boas fazem: liguei para meu pai terreno e reclamei! Eu disse "pai, Deus não está falando comigo! Preciso de uma resposta sobre isso, isso e isso." Meu pai riu e disse algo que sempre lembrarei: "O professor sempre fica em silêncio quando o aluno está fazendo uma prova". Embora essa não fosse a resposta que eu estava procurando, entendi o que meu pai estava dizendo.

Na verdade, eu aprendi um pouco mais sobre isso através dos anos. Quando não sinto que Deus está falando, lembro que talvez Ele esteja me testando de alguma forma. Talvez Ele tenha dito algo que eu não fiz e está esperando que eu volte e faça isso. Talvez Ele saiba que eu sei qual é a resposta e, na verdade, não preciso de orientação, preciso seguir minha bússola moral que distingue o certo do errado. Ou talvez Ele queira ver qual é a minha resposta e então me corrigir e instruir a partir daí. Seja qual for o teste, hoje posso dizer que aprendi a gostar do processo, embora não seja fácil.

Se você parar pra pensar, a maioria das coisas são apenas um teste de qualquer maneira. Por exemplo: em quem você vai acreditar? A mídia, que diz todos os dias que o mundo vai acabar? ou Deus, que diz que todas as coisas vão contribuir para o bem daqueles que o amam e são chamados de acordo com o seu propósito (Romanos 8:28)?

Muitas vezes, creio que Deus está nos desafiando para que possamos crescer, nos encorajando durante o processo ou nos testando para que possamos ver o quanto já crescemos.

Ele não é um Deus irado, um Pai malvado querendo nos punir. Ele é um Pai amoroso que está nos moldando e nos fazendo à imagem de Cristo. Esse moldar não parece ser algo divertido e nem sempre nos faz sentir bem, mas é absolutamente necessário se quisermos ser como Cristo e cumprir o destino profético que Deus Pai tem para nós.

Este processo de saber quem somos, de conhecer quem Deus Pai é e conhecer Sua voz é algo que leva tempo. É algo que implica um processo de acertos e erros e requer provações para que seja testado. Eu gostaria de dizer que mesmo depois de tudo o que aconteceu comigo, eu sempre ouço Deus perfeitamente, mas na verdade ainda não. E nem você O ouvirá de forma perfeita. E essa é a alegria da aventura com Ele. Isso nos mantém humildes e nos mantém em conexão com Ele. Nos mantém com fome e sede de experimentá-Lo de novas maneiras, como ouvi-Lo de novas maneiras. Adoro ouvir os testemunhos e as experiências das pessoas com Deus. Na verdade, adoro ouvir e ler sobre como outras pessoas ouviram a Deus e o que Ele fez em suas vidas, porque isso me encoraja a vê-Lo fazer coisas novas e incríveis em minha vida também. Da mesma forma, quando lemos a Bíblia, isso deve despertar em nós a fome de que se Deus fez essas coisas que estão ali, então Ele fará o mesmo e mais coisas agora também (Hebreus 13:8). Na verdade, Jesus disse que faríamos coisas maiores do que Ele, porque Ele vai para o Pai (João 14).

Veja esta história que aconteceu depois da ressurreição de Jesus, enquanto Ele se revela a Seus discípulos.

"Um dos doze não estava presente quando Jesus apareceu para eles - era Tomé, cujo apelido era "o Gêmeo". Então os discípulos o informaram: "Nós vimos o Senhor com nossos próprios olhos!" Ainda não convencido, Tomé respondeu: "Não há como acreditar nisso, a menos que eu veja pessoalmente as feridas dos pregos em suas mãos, toque-as com meu dedo e coloque minha mão na ferida de seu lado onde ele foi perfurado".

Então, oito dias depois, Tomé e todos os outros estavam juntos na casa; e embora todas as portas estivessem trancadas, Jesus de repente apareceu diante deles! "Paz para você", disse ele. Então, olhando nos olhos de Tomé , ele disse: "Coloque seu dedo aqui nas feridas de minhas mãos. Aqui, coloque sua mão no meu lado ferido e veja por si mesmo. Tomé, não ceda mais às suas dúvidas, apenas acredite!

Então as palavras brotaram de seu coração: "Tu és meu Senhor

e tu és meu Deus!" Jesus respondeu: "Tomé, agora que me viste, acreditas. Mas há aqueles que nunca me viram com os olhos, mas creram em mim com o coração e serão ainda mais abençoados!". (João 20:24-29 TPT).
Essa história me leva às lágrimas por dois motivos. O primeiro é que Jesus não estava presente quando Tomé disse aos outros discípulos que ele não acreditaria a menos que pessoalmente colocasse os dedos nos buracos nas mãos de Jesus. Diz que oito dias depois disso, Jesus apareceu a eles na sala em que estavam sentados e Jesus respondeu ao pedido de Tomé! Isso significa que Jesus sabia exatamente no que Tomé precisava acreditar. Jesus o ouviu oito dias antes e, em vez de julgar Tomé porque duvidou, Ele se revelou a Tomé exatamente da maneira que ele precisava para crer. Jesus ama se revelar.

A segunda razão pela qual esta história me comove é porque ela diz que somos mais abençoados quando cremos e não vemos. Sei que todos nós gostaríamos de poder ver Jesus com nossos olhos naturais, mas isso não exigiria fé e não haveria recompensa nisso. O fato de Deus querer que acreditemos sem ver é porque isso requer confiança, e quando podemos confiar Nele com nossos corações, nossas vidas, com as decisões em nossa vida, isso significa que realmente temos um relacionamento com Ele. Acima de tudo, Deus quer nossos corações, e para que ele realmente tenha nossos corações, é preciso nossa absoluta confiança e crença de que Ele é bom, de que Ele fala e Ele falará comigo.

Em quem e no que você vai acreditar...

Um profeta me deu uma palavra quando eu estava começando a me mover no profético. Ele disse assim: "ou você acredita que ouve Deus ou não. Se você acredita que o ouve, você O ouvirá. Se você não acredita, então não O ouvirá." Muitas vezes pensei nesta palavra profética porque é a base do nosso cristianismo. Recebemos a salvação por meio de nossa crença em Cristo (João 3:16) e não de outra maneira. Não por quanto eu faço para Deus, não por quanto eu dou a Deus, não por quão boa pessoa eu sou. Mas pelo que eu acredito.

Ao que Jesus respondeu: — "Se o senhor pode"? Tudo é possível ao que crê. Marcos 9:23

Deus quer escrever seu destino profético com você. Ele quer iluminar o caminho à sua frente e lhe dar sabedoria e direção para a jornada. Mas cabe a você acreditar e ouvi-Lo. Você está disposto a dedicar um tempo para ouvi-Lo e acreditar no que Ele diz?

CAPÍTULO 4: OUVINDO DEUS EM RELAÇÃO A OUTRAS PESSOAS, TODOS PODEM PROFETIZAR

"E acontecerá nos últimos dias, diz Deus, que derramarei o meu Espírito sobre toda a humanidade. Os filhos e as filhas de vocês profetizarão, os seus jovens terão visões, e os seus velhos sonharão. Até sobre os meus servos e sobre as minhas servas derramarei o meu Espírito naqueles dias, e profetizarão." - Atos 2:17-18

Quem pode profetizar?
Para sermos capacitados no profético precisamos definir quem pode fazer parte e profetizar.

Precisamos entender que embora haja uma diferença no Ofício de um Profeta (Efésios 4.11), todos nós podemos receber a habilidade ou o dom de profetizar. Essa habilidade ou dom é diferente do Ofício do Profeta e não é um dom que se ganha por algum tipo de merecimento, mas é um dom que se recebe. A capacidade de profetizar não vem de quem eu sou ou mesmo do que tenho feito, mas é algo dado livremente pelo Espírito do próprio Deus.

Lemos em Atos 2 que o Espírito de Deus é derramado sobre "toda" a carne. O texto afirma que "seus filhos e filhas profetizarão". Quem são esses filhos e filhas? Estes são o povo de Deus, somos nós, são aqueles que estão vivendo nos últimos dias. Pedro declara, assim como o profeta Joel profetizou, que o Espírito de Deus agora está capacitando Seu povo a andar no Espírito e a realizar sinais e maravilhas. Na verdade, Jesus disse que "nós faríamos coisas maiores do que ele fez." (João 14:12).

Em Jesus recebemos uma nova aliança (Hb 8:8) que consiste em segui-Lo e revelar o Pai às nações por meio de sinais, maravilhas e milagres (Mateus 28:16-20). Esta é a comissão que nos foi dada, nossa parceria com Deus para revelá-Lo àqueles que não sabem quem Ele é através do amor e da demonstração do sobrenatural. Parte da revelação do Pai aos outros acontece por meio da palavra profética.

Na vida de Jesus, podemos ver vários exemplos dessa verdade em ação. Em todos os evangelhos, podemos ver que Jesus demonstrou o amor do Pai por meio de sinais, maravilhas e profecias.

É interessante notar que os próprios apóstolos se moviam na unção profética, mas nenhum deles era considerado com o Oficio de Profeta. Há uma diferença entre aqueles no Novo Testamento que foram chamados de apóstolos, como o apóstolo Paulo, e aqueles que foram chamados de profetas, como Ágabo (Atos 21:10), entre muitos outros. Embora este não seja o foco deste livro, algumas pessoas acreditam que não há profetas que vieram depois de Jesus e que não há apóstolos, exceto os doze que Jesus designou. Tudo o que você precisa fazer para questionar esse tipo de teologia é ler sua Bíblia. Leia o livro de Atos, ou apenas leia Efésios 4:11-13:

"E ele mesmo concedeu uns para apóstolos, outros para profetas, outros para evangelistas e outros para pastores e mestres, com vistas ao aperfeiçoamento dos santos para o desempenho do seu serviço, para a edificação do corpo de Cristo, até que todos cheguemos à unidade da fé e do pleno conhecimento do Filho de Deus, ao estado de pessoa madura, à medida da estatura da plenitude de Cristo." Esses cinco ministérios, cargos ou ofícios, conforme podemos identificá-los, são cinco cargos de liderança no corpo governante de Cristo. Eles não são apenas cinco pessoas, são cinco cargos que as pessoas servem. Assim como os países têm governos nacionais com representantes, governadores, etc. O corpo de Cristo como um todo tem cinco áreas e funções que são preenchidas por inúmeras pessoas que Deus chamou para cumprir um propósito. Esse propósito é EQUIPAR seu povo para obras que servem. A melhor maneira que vi esses cinco ofícios funcionarem juntos é por meio da noiva de Cristo, a igreja local. Na verdade, aqueles que têm o Ofício de Profeta e que não estão ligados à noiva de Cristo, geralmente são amargos e feridos pela igreja e muitas vezes suas palavras proféticas são contaminadas por sua amargura. Falaremos sobre o filtro de nossas palavras proféticas em um capítulo posterior.

Então, o que significa tudo isso sobre os cinco ministérios? Significa que quem tem um Ofício de Profeta não apenas profetiza, mas também deve ensinar as pessoas a profetizar, direcionar, advertir e equipar a igreja. Um mestre não apenas conhece a Palavra de Deus, ele a ensina como também ensina aos outros a importância da Palavra e como ensiná-la. O evangelista não é o único que leva as pessoas a Cristo! Ele ensina e equipa as pessoas para levar outros a Cristo, para que todos alcancemos a "unidade na fé". Isso é lindo! E o fato de Deus chamar pessoas para nos ensinar, liderar e até mesmo servir é um exemplo maravilhoso do amor Dele por nós. Essa unidade na fé é exatamente como o corpo de Cristo deve funcionar. Todos somos chamados para coisas diferentes e quando estamos no lugar em que Deus nos chamou para estar, conseguimos nos destacar na nossa função e servir ao restante do corpo de Cristo.

Aprendi que, embora seja um "pastor" de uma igreja local, meu ofício principal não é o de pastor. Desde criança, quando Kent Simpson profetizou pela primeira vez sobre a minha vida, aos nove anos de idade, fui chamado para ser uma voz profética para as nações. Mesmo assim, plantei nossa igreja chamada Younity Church, em Florianópolis, com minha esposa. Ao seguir a direção de Deus, percebi que não sou limitado por um chamado. Pelo contrário, esse chamado me empodera. Não preciso ser chamado de profeta por ninguém para usar o dom e a influência que Deus me deu. Sei que Deus me deu um chamado específico e esse chamado é a base de tudo que faço. Ele não me limita. Só porque fui chamado para o papel de profeta não significa que não posso evangelizar ou ensinar. Na verdade, tive temporadas em que fui mais evangelista, porque ocupava funções de liderança evangelística em outros lugares, e hoje sirvo como "pastor" de nossa igreja local.

Você precisa saber e entender essa verdade: mesmo que não tenha sido chamado para ocupar o Ofício de Profeta, você pode profetizar e ser uma pessoa profética.

Um exemplo bíblico disso é 1 Samuel 19:24, que narra o episódio de quando o rei Saul começa a profetizar. Não há indicação nas Escrituras de que ele tenha sido chamado para ser o ofício de profeta, mas ele profetizou. Outro exemplo do Novo Testamento é o apóstolo João, que escreveu o livro do Apocalipse o qual contém várias profecias. João era discípulo e apóstolo. Não há registro na Bíblia de João ter sido chamado de profeta. O Espírito de Deus é quem capacita os dons e o Espírito de Deus pode escolher quem usar e quem não usar. Pelo que entendo e tenho experimentado da natureza de Deus, Ele sempre está querendo falar com as pessoas, sempre querendo revelar mais de Si e de Seu amor por elas. Por causa disso, Deus usa quem está disposto e disponível para profetizar seu amor e sua verdade para as pessoas.

Aprendendo com a prática

Embora existam muitos tipos de treinamento para ativar as pessoas no profético, em algum momento você terá que participar dando palavras proféticas para alguém.

Treinamento e ensino não serão suficientes se você não der um passo de fé e se arriscar a profetizar.

O melhor lugar para fazer isso é com pessoas que você conhece e confia, no ambiente de uma igreja ou em um pequeno grupo. Precisamos ser capazes de cometer erros sem sentir culpa ou vergonha e, por fim, acabar desistindo. Você não é um falso profeta se disser algo errado ou cometer um erro. Você é um filho ou uma filha que está aprendendo a ouvir e a discernir a voz de seu Pai.

Quando aprendi a profetizar, em 2012, recebi uma oportunidade do meu amigo e ex-mentor Kent Simpson. Ele havia profetizado sobre mim algumas vezes ao longo da minha vida e acabamos nos reconectando logo depois que comecei a aprender a andar em sinais, maravilhas e milagres. Passei alguns dias com ele no Texas e disse que se precisasse de ajuda com qualquer coisa, era só me chamar. Na época, ele gravava e enviava, pessoalmente, mais de vinte palavras proféticas para várias pessoas por dia. (Só para constar, atualmente ele não envia mais profecias pessoais para as pessoas).

Algumas semanas depois, Kent me enviou um e-mail e me disse que tinha algumas pessoas que precisavam de ajuda e perguntou se eu estaria disposto a orar por elas. Ele disse que eu poderia orar e se Deus me dissesse alguma coisa apenas deveria mandar a mensagem para ele por e-mail e então ele mesmo a enviaria para aquelas pessoas específicas. Eu respondi e disse a ele que com certeza estaria disposto a orar por eles. Mais tarde, naquele dia, ele me enviou três e-mails de pessoas que precisavam receber oração e uma palavra profética de Deus. Cada uma estava em uma posição mais desesperadora do que a outra. Uma pessoa tinha um casamento com muitos problemas e estava rumando a um divórcio. Outra tinha um pai com câncer e estava morrendo, e a terceira também precisava desesperadamente de um milagre.

Depois de ler os e-mails, fiquei apavorado! O que eu deveria fazer para ajudar essas pessoas? Senti que minhas palavras de encorajamento não fariam nada por elas e que eu seria responsável pela morte delas, pois me faltava fé para profetizar a cura. Com medo, decidi não responder aos e-mails que ele me enviou.

Três dias depois de evitar responder ao Kent o Espírito Santo me confrontou. Ele me disse: "você vai me buscar em favor do meu povo ou vai continuar pensando apenas em si mesmo?" Nossa! Naquele momento o Espírito Santo me trouxe uma convicção muito profunda do que deveria fazer. Deus queria falar com essas pessoas e Ele queria que eu fosse aquele que seria usado para isso.

Sem saber exatamente o que fazer, fiz o que havia lido na Bíblia sobre o profeta Habacuque. Habacuque foi um profeta que derramou seu coração diante de Deus, e Deus o respondeu. Então, decidi responder a cada e-mail com uma breve oração, após eu fechar os meus olhos, eu começaria a digitar na esperança de ver, ouvir ou sentir algo por essas pessoas.

Assim que terminei de digitar minha oração, tive uma experiência inédita. Senti-me como se estivesse na casa de um deles, vendo a filhinha discutir com o casal. Eu consegui ver as cores da cozinha, as cores de seus pratos, foi algo incrível. Eu sabia que essa cena que estava vendo não era ao vivo. Era algo que já havia acontecido. Era como se eu estivesse tendo uma visão de um evento do passado.

Quando comecei a responder o próximo e-mail, aconteceu a mesma coisa e tive várias visões em que eu estava no quarto do hospital com a mulher e seu pai. Como nunca havia experimentado isso antes, escrevi todos os detalhes: o que cada pessoa estava vestindo, como seu cabelo estava penteado, para cima ou para baixo, etc. Eu literalmente não sabia o que estava fazendo. Apenas escrevi tudo o que vi e o que eu acreditava que Deus estava dizendo.

Com muito temor no coração, enviei a resposta para Kent, que mais tarde me respondeu em um e-mail. Andy, você ouve a Deus e agora o Espírito Santo o confronta com isso: "ou você acredita que ouve a Deus ou não". Então ele me disse: "no futuro, quando você der palavras proféticas, não precisa fornecer todos os detalhes que não parecem importantes. Apenas entregue para as pessoas a substância do que Deus estava dizendo". Como eu não tinha experiência nem entendimento sobre aquilo, fiquei um pouco chocado por ele ter me dito para "mudar" as palavras de Deus ou deixar de fora os detalhes importantes. Mas hoje entendo que nem tudo o que você vê ou recebe deve ser compartilhado. Discernir o que precisa ser compartilhado vem com o tempo e a experiência.

Em Seu livro, "O Exercício da Profecia", Graham Cooke diz que ele "nunca profetiza as primeiras coisas que vê ou ouve", pois aprendeu que às vezes, a informação que recebe primeiro lhe dá entendimento da parte de Deus sobre a pessoa, mas aquilo não faz parte da palavra profética que ele deveria entregar. Ele aprendeu por tentativa e erro que sua primeira impressão ou sentimento sobre alguém durante uma palavra profética é apenas Deus dando a ele o contexto sobre aquela pessoa e não para que profetizasse sobre aquilo.

Ao começar a profetizar, você vai notar que muitas coisas vêm à sua mente e muitas delas você verá e ouvirá. Nem tudo vem de Deus, e você precisará aprender, à medida que for praticando, a discernir quais coisas são de Deus, quais coisas podem ser do diabo, quais são apenas seus pensamentos e quais são apenas distrações que não têm nada a ver com a palavra profética que você deverá entregar naquele momento. No capítulo anterior aprendemos a importância de ouvir a Deus por nós mesmos e isso é de suma importância, pois Deus usará essas vitórias e experiências pessoais que você teve com Ele para capacitá-lo a ouvi-Lo claramente para os outros.

Como profetizar?

Existem muitas maneiras e jeitos diferentes que você pode usar para ouvir a Deus e profetizar sobre as pessoas. Eu já profetizei usando arte, fazendo referência a filmes, usando objetos, usando roupas ou itens que as pessoas estão vestindo, tendo pequenas visões, tendo impressões em minha mente e muitas outras maneiras também.

Realmente não há limite para a forma como Deus deseja se comunicar.

No próximo capítulo vamos nos concentrar nos cinco sentidos espirituais que podemos usar para profetizar.

É importante lembrar que Deus é o criador do universo e Ele usa a criatividade para ministrar vida às pessoas. A profecia é mais do que apenas uma declaração de um pensamento bom sobre alguém. Na verdade, a profecia é uma declaração de como o céu vê cada pessoa, e o que Deus quer falar com ela para edificá-la, fortalecê-la e encorajá-la (1 Coríntios 14).

Uma maneira fácil de profetizar sobre alguém é fazer perguntas a Deus sobre aquela pessoa. Pergunte a Ele o que Ele pensa sobre ela? Como eles chamam essa pessoa no céu? Que coisa encorajadora Deus quer falar com ela? Que palavras ela precisa ouvir hoje para se sentir encorajada e fortalecida? Que informação Deus gostaria de lhe dar hoje? Deus Pai, como você gostaria de mostrar seu amor a essa pessoa hoje?

Quando Deus lhe mostra algo como uma imagem ou lhe dá uma palavra ou uma frase para a pessoa, você pode pedir a Deus para Ele te falar algo a mais a partir dessa palavra e compartilhar com você o contexto e o significado por trás dela. Você pode então começar a "juntar as peças" daquela palavra com Deus e então compartilhar com a pessoa.

Quando nos tornamos disponíveis e pedimos a Deus para que fale conosco, criamos uma oportunidade para receber Dele o que Ele deseja compartilhar sobre determinada pessoa. Assim, podemos compartilhar as informações e o encorajamento que Deus nos deu para aquela pessoa e pedir um feedback, para ver se isso significa alguma coisa para ela e assim verificar se estamos ouvindo a Deus corretamente. O feedback é uma ferramenta importante para praticarmos nosso discernimento e crescermos em ouvir a voz de Deus.

Por exemplo: "Deus, o que você pensa da minha colega de trabalho?" e aí você vê a imagem de uma borboleta. Deus não está dizendo para você dizer para a pessoa que ela é uma borboleta. Ele provavelmente está querendo que você explore aquela borboleta para obter mais detalhes sobre as mulheres que Ele deseja encorajar. Ele pode estar mostrando a você que o animal favorito daquela pessoa é uma borboleta (palavra de conhecimento); ou pode estar revelando a você um evento na vida daquela pessoa que foi marcado por uma experiência com uma borboleta (palavra de conhecimento); ou pode estar dizendo que aquela pessoa é bonita como uma borboleta; ou ainda pode estar falando com você sobre a vida dela, que embora tenha sido desafiadora, um dia ela deixará o casulo e se tornará uma borboleta criando lindas asas e voando para o pôr do sol.

Você não saberá o que Deus está tentando dizer até que explore com Ele o que está lhe mostrando. Eu sei que alguns de vocês só querem algum tipo de manual que diga que quando você vê uma borboleta, é porque Deus está dizendo x, y ou z , mas não é assim que o profético funciona. Temos o privilégio de ser parceiros de Deus e descobrir o que Ele está dizendo às pessoas.

Caça ao Tesouro

Outra forma de profetizar sobre as pessoas é o que chamamos de "Caça ao Tesouro". Este é um método que foi desenvolvido por meu amigo chamado Kevin Dedmond, que escreveu o livro "Treasure Hunt". Kevin estava procurando ativar as pessoas no sobrenatural, na profecia e nas curas físicas quando teve uma ideia inspirada por Deus. Uma vez que a profecia deve servir para encorajar e revelar o "ouro" no coração das pessoas, por que não vamos apenas caçar o tesouro de "ouro"? Ele pensou: "por que simplesmente criamos um mapa que nos ajude a encontrar as pessoas sobre as quais Deus deseja profetizar e encorajar?" Uma ideia tão simples, mas que teve um impacto profundo.

Ele decidiu experimentar essa ideia e para isso reuniu algumas pessoas da sua igreja ou do seus pequenos grupos. Eles se reuniram, oraram e pediram a Deus que lhes mostrasse qual tesouro Ele queria que eles encontrassem, ou seja, com quais pessoas Deus queria falar. Cada um deles fez um "mapa do tesouro", orando e pedindo a Deus que lhes desse o nomes de pessoas, cores de camisetas dessas pessoas, problemas de saúde que precisavam de cura e até mesmo qualquer outra informação extra que Deus quisesse dar a eles sobre essas pessoas. Essas informações extras podem ser detalhes como, por exemplo, quantos filhos eles têm, algum tipo de tatuagem em determinada parte do corpo, etc. Então eles pegaram seus mapas e foram para as ruas da sua cidade para tentar encontrar o tesouro que Deus estava revelando a eles. Os resultados foram incríveis e esse método agora é ensinado a milhares de pessoas em países de todo o mundo.

Eu experimentei pessoalmente o poder do "Caça ao Tesouro" e vi Deus revelar coisas incríveis para mim. Eu vi pessoas serem tomadas pelo amor de Deus através de um Caça ao Tesouro e vi pessoas serem curadas também. Mas gostaria de compartilhar com você a história de alguém da nossa igreja local que levamos para participar de um Caça ao Tesouro e ela realmente profetizou pela primeira vez em sua vida no shopping para uma pessoa totalmente desconhecida.

No início da nossa igreja, tínhamos um pequeno grupo e assistimos a um filme chamado "Pai das Luzes", sobre evangelismo, cura e o sobrenatural. No final do filme, dissemos ao nosso pequeno grupo que iríamos fazer uma Caça ao Tesouro juntos. Uma mulher do grupo, que era uma advogada, ficou muito nervosa e normalmente não saía para fazer nenhum tipo de evangelismo ou profecia fora da igreja. Na verdade, ela admitiu que nunca tinha feito essas coisas nem dentro da igreja. Todos nós oramos e anotamos os nomes, cores das camisetas e condições (problemas de saúde) que Deus revelou e depois fomos a um shopping aqui em Florianópolis. Nos dividimos em grupos de três a quatro pessoas.

No "mapa do tesouro" dessa mulher da nossa igreja estava escrito o "nome Mary, camiseta amarela e dor de estômago e enjoo". Quando ela e seu grupo chegaram no shopping ela viu uma loja toda amarela. Todos os produtos e tudo dentro da loja era amarelo. Ela sentiu que Deus destacou essa loja para ela. Ela teve a impressão de que seria nessa loja que encontraria o "tesouro" dela. Mesmo bem nervosa, entrou na loja e encontrou a primeira funcionária que estava ali na loja trabalhando e vestindo uma camisa amarela. A funcionária disse "boa tarde, posso ajudar?" A mulher respondeu: "Sim, estou procurando uma pessoa chamada Mary. Ela trabalha aqui?". A funcionária deu de ombros e disse "Sim, eu sou a Mary. Eu te conheço?". A mulher do nosso grupo ficou chocada e disse: "Seu nome é Mary?! E não, você não me conhece, e isso pode parecer loucura, mas meus amigos e eu estávamos orando há pouco e sinto que Deus me disse que você tem um problema de estômago e Ele quer curá-la. É verdade?".

Mary imediatamente começou a chorar na frente dela, o que aterrorizou ainda mais essa mulher. "Oh não, o que eu fiz ?!" ela pensou, "espero não tê-la ofendido". Finalmente a mulher parou de chorar e disse: "Isso é loucura. Como você sabe disso? Ontem faltei ao trabalho porque tive algum tipo de enjoo no estômago e hoje ainda estou com dores, mas decidi vir trabalhar mesmo assim". Sorrindo, a mulher da nossa igreja disse: "Acredito que Deus me enviou aqui para orar por você, se importa se orássemos?"

Um dos aspectos mais poderosos de andar no sobrenatural e na profecia é quando você percebe que pode ouvir a Deus. A profecia não se limita aos profetas da Bíblia, aos pastores e líderes, ou às pessoas dotadas e talentosas. É algo que está disponível para todos. Deus Pai desejou ter um relacionamento com você, então Ele criou um caminho para que todos nós pudéssemos nos conectar a Ele. Você pode ouvir a voz de seu Pai e encorajar outras pessoas por meio de seu relacionamento e conexão com Ele.

Esta foi a PRIMEIRA vez que aquela advogada profetizou sobre alguém. Ela ouviu a Deus corretamente sobre o nome da mulher, a cor da camiseta que ela usava e a enfermidade que a Mary tinha. Deus não é incrível?! Ele quer fazer a mesma coisa em sua vida, para poder afetar sua família, seus amigos e as pessoas que você conhece, todos os dias.

Encontrando Deus

O pastor Bill Johnson diz que "devemos ao mundo um encontro com Deus". A realidade é que estamos aqui na terra para levar pessoas a um encontro e a uma experiência com o Deus, que é nosso Pai. Você já pensou sobre isso? Se o objetivo do cristianismo é apenas aceitar Jesus como Senhor e ir para o céu no final de nossa vida, então qual é o propósito para você aqui na terra?

Somos chamados a revelar o coração, o amor e a realidade de Deus Pai a um mundo que tem como sua maior necessidade a própria pessoa de Deus. Este é o nosso mandato e nossa comissão: curar os enfermos, ressuscitar os mortos, expulsar demônios e também revelar o amor do Pai às pessoas.

Podemos fazer isso de muitas maneiras proféticas diferentes. Nos meus primeiros dias de profecia, costumava ver imagens e depois desenhar as imagens e dar às pessoas palavras proféticas com base no que eu desenhava. Isso é conhecido como "arte profética". Não é diferente de simplesmente ver a imagem e profetizar, mas quando eu desenho a imagem ou faço uma pintura dela posso entregá-la à pessoa para que ela guarde e se lembre mais tarde dessa palavra.

Eu fazia isso em cafeterias quando estava trabalhando com meu computador, ou mesmo em ambientes de igreja durante o momento de louvor.

Uma das coisas legais sobre dar arte profética às pessoas é que elas podem manter a imagem e se lembrar da palavra. Guardar e lembrar de nossas palavras proféticas é extremamente importante, pois temos a chance de voltar à palavra e lembrar o que Deus disse sobre nós. Ontem, na verdade, encontrei minha primeira palavra profética que recebi. Foi em agosto de 1995. E a única razão pela qual sei disso e tenho essa palavra é porque foi gravado em uma fita cassete para mim, a qual ainda tenho.

Sempre que profetizo sobre as pessoas em uma igreja, ou mesmo para uma pessoa que não conheço, eu digo a elas para gravar, ou então gravo no meu telefone e envio para elas depois. É importante valorizarmos o que Deus está dizendo e ao anotá-lo ou registrá-lo podemos voltar e relembrar. Tenho vários arquivos de áudio e vídeo de minhas palavras proféticas gravadas ao longo dos anos. Eu os escuto regularmente e sempre me sinto encorajado depois de escutá-los porque posso ver o que Deus tem cumprido em minha vida e o que Ele ainda tem prometido para o meu futuro.

Uma das melhores maneiras de crescer no profético é profetizar sobre si mesmo. Você pode fazer isso simplesmente anotando o que acredita que Deus está lhe dizendo. Eu criei esse hábito em minha vida, da mesma forma que Habacuque fazia e também como eu fazia nas minhas primeiras experiências proféticas. Eu simplesmente escrevo minha oração e então escrevo tudo o que acredito que Deus está dizendo. Isso me trouxe muita clareza em certas épocas em que precisei tomar decisões. Enquanto falava com Deus, a palavra profética era liberada para mim e eu a anotava e discernia o que Deus estava dizendo.

Não há limite para como podemos praticar e crescer em ouvir a Deus e profetizar. Acredito que o único limite para o nosso crescimento profético seria a falta de imaginação e não ter tempo para ser intencional em ouvir a Deus por nós mesmos e pelos outros. É da natureza do Pai falar com seus filhos. Faça da sua natureza ouvi-Lo.

Não há como falhar se eu fizer as coisas em amor

Acho que há duas coisas a partir das quais precisamos operar para sermos bem-sucedidos quando profetizamos. Na verdade, o coração e a motivação por trás de nossas palavras proféticas são mais importantes do que as palavras em si. Precisamos operar e profetizar com amor e humildade.

A Bíblia diz que Deus dá graça aos humildes, mas resiste aos orgulhosos (Tiago 4:6). Por isso é imprescindível que sejamos humildes em nossa busca pelo profético e em nosso desejo de ouvir a voz de Deus. É algo que vamos aprendendo e crescendo com o tempo, não é algo em que somos perfeitos. É preciso ter a prática e também o entendimento de que haverá momentos em que estaremos errados. Então peça desculpas e seja humilde.

1 Coríntios 14:1 diz: "Segui o amor e desejai ansiosamente os dons espirituais, especialmente a profecia". A busca do amor vem antes dos dons espirituais. Se você colocar os dons espirituais na frente do amor, cometerá um grande erro.

Uma palavra profética que é proferida sem que antes o receptor experimente o poder do amor de Deus não tem valor. Precisamos ser humildes e andar em amor se quisermos profetizar com poder.

É da natureza humana olhar para o resultado da palavra profética, olhar para a beleza das palavras faladas ou quão precisa é a palavra de conhecimento ou a complexidade da profecia. Mas não é assim que o céu julga o sucesso da palavra profética.

Uma palavra profética errada dada com o amor é mais poderosa do que uma palavra profética certa proferida em julgamento ou com manipulação.

Muitas vezes profetizei incorretamente, mas as pessoas ainda foram impactadas porque fui humilde o suficiente para me desculpar e porque fui motivado pelo amor. Se você amar, mesmo que erre a palavra, as pessoas ainda experimentarão um Pai amoroso e um cristão sincero. Se você for arrogante, eles não receberão a palavra nem experimentarão o amor do Pai.

Você sabia que é impossível orar e nada acontecer quando você ora com amor? 1 Coríntios 13:8 diz o seguinte: "O Amor nunca falha. Mas onde houver profecias, elas desaparecerão;"

As profecias um dia desaparecerão porque não serão necessárias no céu, mas o amor nunca falhará ou passará.

Esta verdade é tão importante para mim que a tenho tatuada em meu pulso de tal forma que posso lê-la quando estou orando pelas pessoas. Quando estendo minha mão e oro pelas pessoas posso ver claramente tatuado em meu pulso direito: "o amor nunca falha". Fiz esta tatuagem como um lembrete para mim, pois mesmo que eu não veja o milagre pelo qual estou orando, mesmo que eu não veja os mortos ressuscitados ou os olhos dos cegos abertos, mesmo que eu não veja nenhum resultado que eu gostaria, é impossível orar e não acontecer nada porque "o amor nunca falha". Quando meu motivo é o amor, não tenho como falhar.

Anos atrás, depois de ficar um pouco envergonhado por errar uma palavra profética na frente de um grande grupo de pessoas, Deus falou comigo e disse algo que mudou minha perspectiva. Ele me disse: "quando você parar de tentar estar certo, você realmente estará".

O objetivo da palavra profética não é impressionar as pessoas ou impressioná-las com nossos dons ou nossa capacidade de ouvir a Deus. Não! É algo muito maior do que isso. É para que possam experimentar o amor de Deus e serem encorajadas e fortalecidas.

Nossos dons devem ser dados e usados de tal forma que as pessoas encontrem a realidade de um Deus que as ama, as vê e sabe quem elas são.

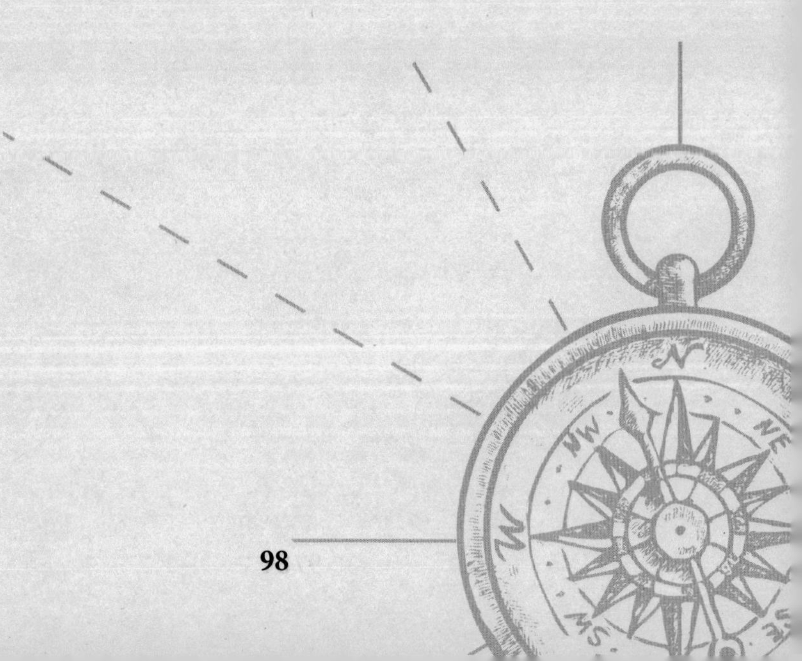

CAPÍTULO 5: PROFECIA EXPLICADA

"Pois em parte conhecemos e em parte profetizamos." -
1 Coríntios 13:9

1 Coríntios, capítulo 13, é conhecido pelas pessoas como o livro do amor. Neste capítulo, o apóstolo Paulo descreve o poder e a importância do amor. Mas esse capítulo está entre o final do capítulo 12 e o capítulo 14, os quais falam sobre os dons do espírito. Aprendemos aqui no capítulo 13 que o amor é superior aos dons e que quando amamos demonstramos Cristo de forma muito mais intensa do que apenas operando nos dons do Espírito. Isso não significa que os dons não sejam importantes, mas como Paulo diz no capítulo 13, se eu não for motivado pelo amor, "não sou nada" (13:2).

No versículo 9 do capítulo 13, Paulo diz: "em parte conhecemos e em parte profetizamos". O conhecimento em parte é o que chamamos de ***palavra de conhecimento***, que é demonstrada por Jesus e outras pessoas ao longo de toda a Bíblia. A maioria das palavras proféticas tem várias partes, e se não entendermos isso poderemos ver ou ouvir algo e achar que, no fim, tudo possui natureza profética. A profecia pode ser definida de forma simples como uma palavra que prevê o futuro, ou seja, é uma palavra sobre eventos futuros, sobre o que as pessoas devem esperar que aconteça.

Mas cada palavra profética pode conter até três partes. Embora nem toda palavra profética tenha três partes, tenho visto isso na prática como padrão. É importante que entendamos essas divisões quando damos ou recebemos uma palavra profética para que possamos entender e até mesmo discernir o que Deus está tentando dizer.

Neste capítulo, descreverei cada uma dessas três partes para você e darei um exemplo bíblico do Novo Testamento, vindo diretamente da boca de Jesus, para cada uma delas. Na verdade, ao longo deste livro já dei vários exemplos bíblicos e práticos (da vida real) de todas elas.

Vamos explicar e detalhar as partes contidas nesta palavra profética que Jesus Cristo deu a Natanael em João 1:43-50.

"No dia seguinte, Jesus decidiu partir para a Galiléia. Encontrando Filipe, disse-lhe: 'Segue-me'. Filipe, como André e Pedro, era da cidade de Betsaida. Filipe encontrou Natanael e disse-lhe: 'Achamos aquele de quem Moisés escreveu na Lei, e de quem os profetas também escreveram: Jesus de Nazaré, filho de José'. 'Nazaré! Alguma coisa boa pode vir de lá?' perguntou Natanael. 'Venha e veja', disse Filipe. Quando Jesus viu Natanael se aproximando, disse a seu respeito: 'Aqui está realmente um israelita em quem não há dolo'. 'Como você me conhece?' perguntou Natanael. Jesus respondeu: 'Eu o vi quando você ainda estava debaixo da figueira, antes que Filipe o chamasse'. Então Natanael declarou: 'Rabi, tu és o Filho de Deus; tu és o rei de Israel'. Jesus disse: 'Você acredita porque eu disse que te vi debaixo da figueira. Você verá coisas maiores do que isso.' Ele então acrescentou: 'Em verdade, em verdade vos digo, você verá o céu aberto e os anjos de Deus subindo e descendo' sobre o Filho do Homem".

Palavras de conhecimento

Uma palavra de conhecimento é algo que você sabe sobre alguém que não poderia saber sem que Deus falasse com você. Significa que você não viu essa informação no Facebook da pessoa, não a viu usando determinado objeto ou não sabia nada sobre essa pessoa antes da palavra profética. Jesus e muitos profetas nos deixaram exemplos de palavras de conhecimento. Ela pode vir por meio de uma impressão, percepção, de uma visão ou de outras formas que Deus quiser usar para nos revelar o entendimento sobre uma pessoa ou até mesmo uma situação que já aconteceu. **É importante saber que uma palavra de conhecimento é algo do passado e não do futuro.**

Pode ser algo genérico como "eu vi que você tem dois irmãos e uma irmã" ou pode ser específico como, "eu tive uma visão de que quando você tinha três anos seu pai morreu de câncer; e você, sua mãe e sua família se mudaram para uma nova cidade para começar um novo trabalho e uma nova vida."

Biblicamente, palavras de conhecimento abrangiam tudo; desde Deus já sabendo quem eram as pessoas quando as via pela primeira vez (João 1:47) até o profeta Natã revelando ao rei Davi detalhes específicos sobre seu pecado em 2 Samuel 12. É importante observar que, às vezes, mesmo que a pessoa esteja em pecado, precisamos levá-la até Deus por meio do amor. Deus nos revela algumas coisas não para julgarmos as pessoas, mas sim para que elas tenham um encontro com Ele. Nem tudo o que Deus nos revela deve ser compartilhado. Às vezes Ele nos dá discernimento por meio de palavras de conhecimento para que possamos orar especificamente pela pessoa, ou para que possamos conduzi-la a Jesus. Deus é o juiz e Ele é quem condena o pecado. Nossa responsabilidade é amar as pessoas e conduzi-las a Jesus.

1 Coríntios 12:7-8 diz: "Ora, a cada um é dada a manifestação do Espírito para o bem comum. A um é dada pelo Espírito uma mensagem de sabedoria, a outro uma **mensagem de conhecimento** por meio do mesmo Espírito."

Vemos aqui que é o Espírito que dá este dom ou capacidade de receber uma palavra (mensagem) de conhecimento. É muito importante perceber que essas palavras são dadas para "o bem comum" e não para o mal. Isso significa que Deus não está lhe dando uma palavra de conhecimento para manipular alguém ou usar essa informação para prejudicá-lo. Essa palavra deve ser usada para o bem. Mais adiante, neste livro, veremos que a profecia, quando usada para manipular, torna-se demoníaca, causando divisão por natureza e, na verdade, está enraizada na feitiçaria.

Exemplo bíblico de Jesus

Quando Jesus viu Natanael se aproximando, disse-lhe: "Aqui está realmente um israelita em quem não há dolo". "Como você me conhece?", perguntou Natanael. Jesus respondeu: "Eu o vi quando você ainda estava debaixo da figueira, antes que Filipe o chamasse. Natanael respondeu-lhe: "Rabi, tu és o Filho de Deus! Você é o rei de Israel!" João 1:47-49

Está claro que Jesus não estava fisicamente presente quando Filipe falou pela primeira vez com Natanael e o chamou para encontrar Jesus. Não havia como Jesus ter essa informação de forma natural. Mas ela veio divinamente de Deus Pai. Quando Jesus disse "eu vi você", ele não estava dizendo "eu vi você com meus olhos físicos", ele estava dizendo "eu vi você em meu espírito", "vi você em uma visão" ou "vi você como um filme" ou "na minha mente". Jesus estava descrevendo algo sobrenatural e espiritual, não algo natural.

Propósito da palavra de conhecimento

A resposta de Natanael a Jesus foi esta: "Como você me conhece, Senhor?" e depois ele diz: "Rabi, verdadeiramente você é o filho de

Deus." Essa resposta é mais do que natural, é profunda. Natanael declara que Jesus é um rabino e também é o filho de Deus, apenas porque Jesus disse a ele que o viu sentado debaixo de uma árvore. Você tem que entender o que realmente está acontecendo aqui, porque é algo sobrenatural. Na verdade, o coração de Natanael foi aberto por meio dessa palavra de conhecimento e ele começou a ver Jesus de quem Ele realmente era. Ele teve a verdade de Jesus revelada a ele por meio dessa simples, mas poderosa, palavra de conhecimento.

É importante notar que Natanael não era um crente ou seguidor de Jesus neste momento. Lembre-se de que ele disse a Filipe "que bem pode sair de Nazaré?" Ele não acredita que Jesus é o filho de Deus até que isso seja revelado a ele por meio da palavra de conhecimento. Este fato também é teologicamente importante porque algumas pessoas pensam que a profecia é apenas para o crente, mas vemos aqui e em outros lugares que Jesus usou palavras de conhecimento e o profético para conectar pessoas incrédulas a Deus o tempo todo. De fato, palavras de conhecimento abrem o coração das pessoas para a fé, a fim de que possam receber a palavra profética. Confira esta passagem das Escrituras:

"Mas se todos estiverem profetizando, e um incrédulo ou alguém sem esse dom entrar em sua reunião, ele será convencido por tudo o que ouvir e será chamado a prestar contas, pois os segredos íntimos de seu coração serão revelados. Ele ficará perplexo e se prostrará em adoração e dirá: "Deus está verdadeiramente entre vocês". 1 Coríntios 14:24-25

Os segredos íntimos de seu coração serão trazidos à luz, ou como algumas traduções dizem "serão revelados". A palavra de conhecimento revela o coração e prepara o caminho para a palavra profética que Deus quer compartilhar. Quando as pessoas experimentam o poder sobrenatural da palavra profética elas têm um encontro com uma realidade superior: o mundo espiritual. Elas se deparam com um evento sobrenatural, e em seu coração não pode deixar de se inclinar para ouvir o que mais Deus quer revelar.

Exemplos pessoais

Amo ministrar usando palavras de conhecimento por inúmeras razões, mas amo ver as pessoas se conectarem a Deus de uma forma poderosa e sobrenatural. Sempre aprendo coisas novas com Deus, pois ele revela o coração das pessoas de maneiras especiais. Ele sempre dá a elas o que precisam.

Uma das primeiras palavras de conhecimento realmente fortes que tive foi depois de uma conferência chamada "Power and Love", em Klamath, no estado do Oregon, nos Estados Unidos. Esta foi a minha segunda vez nesta conferência onde aprendemos a andar no sobrenatural, conhecendo e experimentando o amor de Deus, andando na verdade de nossas identidades como filhos.

Durante a conferência fomos ativados na cura e no profético e, então, passávamos nossos almoços e jantares em pequenos grupos andando pela cidade, amando as pessoas e realizando milagres. O objetivo era revelar o amor de Jesus às pessoas e praticar exatamente as coisas que Jesus e os discípulos faziam.

Numa dessas saídas para a cidade, fui com o meu grupo a uma mercearia. Nessa mercearia, compartilhamos o amor de Deus com algumas pessoas e oramos com elas. Quando estávamos saindo, vi um homem entrando pela porta da frente e parecia, por sua aparência natural, que ele trabalhava lá, pois usava uniforme e crachá.

Assim que o vi caminhando em minha direção, imediatamente tive uma breve visão dele discutindo com alguém em um carro! Antes que eu pudesse pensar sobre o que tinha acabado de ver e interpretar o que estava acontecendo, peguei-me apontando para ele e dizendo: "você acabou de discutir com alguém, não é?!" Ele me olhou chocado e respondeu: "sim, sim, acabei de discutir no carro com minha namorada antes de vir para o trabalho. Como você sabia disso?" Eu não sabia como responder, então disse "não importa como eu sei disso, Deus sabe disso e quer que você saiba que Ele te vê, então vamos orar". Foi tudo tão rápido que nem perguntei se podia orar por ele, apenas segurei sua mão ali mesmo na porta da mercearia e oramos juntos por sua vida e seu relacionamento.

Tive muitas experiências semelhantes a essa depois de ser ativado no profético. Quando me coloco à disposição de Deus para que Ele fale através de mim, Ele sempre fala.

Quando fazemos parceria com Deus na nossa vida, Ele estará sempre procurando se revelar às pessoas ao nosso redor.

A palavra de conhecimento abre as pessoas para a realidade de quem Deus é e elas podem experimentá-lo de uma forma sobrenatural. O dia a dia normal das pessoas pode ser interrompido por pessoas como nós, que estão dispostas a ouvir a voz de Deus e compartilhar o que ele está falando com os outros. Isso é, como Todd White diria, o "cristianismo normal".

Pedindo a Deus para expandir o que Ele está dizendo

Como só "conhecemos em parte" (1 Coríntios 13:9), é importante que às vezes peçamos a Deus que nos dê mais informações e exploremos o que Ele está tentando dizer. O que aprendi sobre o profético é que nem sempre é algo linear por natureza, como, por exemplo: siga os passos um, dois, três e quatro. A profecia geralmente não é linear e precisamos descobrir o que Deus está tentando dizer. Muitas vezes precisamos explorar a imagem que estamos vendo, explorar o que ouvimos e até mesmo pedir a Deus que nos esclareça sobre o que Ele está querendo dizer. Aprendi que Deus está muito mais interessado no processo de se revelar a nós e não apenas no resultado.

Deus é um Deus relacional e se quisermos entender o que Ele está dizendo profeticamente precisamos interagir com Ele. Precisamos fazer perguntas esclarecedoras, precisamos discernir e buscar entendimento para o que está sendo dito. Se não fizermos isso, podemos perder a oportunidade que Ele nos deu de se revelar aos outros.

No início de 2023, eu estava em uma igreja em Biguaçu, Santa Catarina. É uma cidade nos arredores de Florianópolis, cidade onde moramos e pastoreamos a Younity Church. Aprendi, quando estou viajando para algum lugar, que Deus realmente fala comigo durante o período de louvor nos cultos. É nesse momento que frequentemente recebo palavras de conhecimento e profecia. Naquela noite durante o culto não foi diferente. Comecei a receber palavras de conhecimento e passei a anotá-las.

Anotei o que estava vendo durante alguns minutos. Uma vez que senti que Deus havia acabado de me dar as palavras de conhecimento, fiquei confuso porque todas as palavras eram para cura, e todas elas se referiam a algum problema de saúde localizado no lado direito do corpo. Escrevi o que precisa ser curado: joelho direito, cotovelo direito, braço direito, quadril direito. Eu não entendia o que Deus estava tentando dizer. Em minha mente natural, eu pensava:

"Será que Ele vai curar somente o lado direito dos corpos esta noite?". Eu pensei racionalmente que eram três ou quatro pessoas diferentes que precisavam de cura no lado direito de seus corpos.

Quando o período de louvor terminou, e o pastor me chamou para pregar, comecei dizendo que sentia que Deus queria curar algumas pessoas e comecei compartilhando a primeira palavra de conhecimento: "Quem aqui está com dor no ombro direito e quer que Deus o cure esta noite?" De um grupo de talvez oitenta a cem pessoas, ninguém respondeu. Um tanto confuso, perguntei novamente: "Ninguém aqui nesta sala sente dor no ombro direito?" Ninguém respondeu. Então, um homem levantou timidamente a mão, que também segurava o telefone, levantou-se e disse: "Não preciso de cura, mas meu filho está no hospital e precisa de cura no ombro direito. Ele não é ativo na igreja e não segue a Deus atualmente". "Ok", pensei, "não sei se esse é o cara ou não, mas vamos orar." Então pedi à igreja que todos estendessem as mãos para este homem e oramos por seu filho por cura e salvação.

Pensando que não tinha ouvido Deus corretamente, pois não havia ninguém ali com aquele problema específico no ombro direito, presumi que talvez o resto das palavras de conhecimento também estivessem incorretas e decidi não compartilhá-las. Apenas comecei a pregar. Eu nunca havia pedido a Deus que me esclarecesse o que Ele estava dizendo. Apenas presumi que cada lesão era para pessoas diferentes e pensei que provavelmente eles estavam naquela sala, pois recebi as palavras durante o culto, alguns minutos antes de eu ir falar.

O culto naquela noite foi incrível, e Deus fez coisas sensacionais, curando outras pessoas para as quais eu não tinha palavras de conhecimento. Após o culto, aquele homem que tinha levantado a mão no início da reunião veio até mim e disse que ligou para seu filho para dizer que havíamos orado por ele e que ele estava agradecido. Então, o pai começou a me explicar algumas coisas. Ele me disse que seu filho havia sofrido um acidente de motocicleta e que estava com erupções cutâneas (arranhões) em todo o lado direito do corpo. Ele começou a me mostrar fotos dos ferimentos de seu filho... e meu queixo caiu. Ele disse: "olha, o acidente no lado direito da moto causou ferimentos no ombro direito, cotovelo direito, braço direito, quadril direito e joelho direito". Todas as imagens que o homem me mostrou correspondiam à lista de todas as palavras de conhecimento que eu havia recebido antes, durante o período de louvor. Fiquei chocado!

Eu disse a ele: "Nossa, que loucura! Eu tenho que te mostrar uma coisa." Peguei meu laptop e mostrei a ele no topo da minha pregação todas as palavras de conhecimento que Deus havia falado comigo durante o culto: o ombro direito, cotovelo direito, etc. Eu disse a ele que com certeza Deus estava falando sobre seu filho esta noite e queria que ele e seu filho fossem encorajados pelo fato de que Deus os vê e os conhece.

Naquela noite, eu havia perdido uma oportunidade de revelar Deus de forma profética a um jovem por meio da precisão de uma palavra de conhecimento. Se eu tivesse pedido a Deus para esclarecer o que Ele estava dizendo, ou mesmo ter continuado a falar com fé o restante das palavras de conhecimento que tinha recebido, talvez pudéssemos ter descoberto o que Deus estava tentando dizer naquele momento para aquele jovem. Deus nos fala as coisas que Ele quer fazer e o que Ele quer curar, mas cabe a nós descobrir o que Ele está tentando dizer para que possamos revelá-Lo àqueles a quem Ele quer que façamos.

Esclarecimento por meio de um passo de fé

Às vezes não obtemos esclarecimentos antes de profetizarmos. O esclarecimento vem depois, conforme damos um passo de fé e profetizamos. Esta é sempre uma das coisas mais desafiadoras nesse processo, porque Deus quer que permaneçamos na fé. Nunca seremos perfeitos e nunca entenderemos tudo antes de precisarmos agir com fé.

Em 2021 estive em uma igreja de amigos aqui em São José, Santa Catarina. Minha esposa e eu fomos convidados a pregar em uma conferência profética que eles estavam realizando, e eu sabia que Deus queria dar a eles uma palavra corporativa, mas não sabia o que era. Durante o período de louvor, vi o que parecia ser um arco-íris e sabia que tinha algo a ver com a palavra que eu precisava entregar naquele lugar, mas não sabia exatamente o quê. Enquanto eu subia para o púlpito para começar a pregar, pedi ao pastor e à sua esposa que subissem comigo e comecei a profetizar sobre eles. Eu não sabia o que ia dizer, mas comecei com o que Deus já havia me dado e dei um passo de fé.

Eu disse: "Durante a adoração eu vi um arco-íris.." e assim que eu disse isso, a próxima palavra que eu precisava dizer veio também, e em seguida mais uma, e eu comecei a juntar "as peças" daquilo que Deus estava falando. Eu vi que eles teriam uma escola e que seria uma escola que beneficiaria e encorajaria as crianças a crescer nas artes, como a música. Seria um lugar seguro para eles aprenderem e crescerem e aprenderem, também, sobre quem Deus os criou para ser. Então vi o que era o arco-íris. Eu disse "Deus me mostrou que vocês estão usando o arco-íris para representar cada ano da escola, vejo uma cor diferente para cada sala de aula e faixa etária" Eu também disse a eles que o arco-íris era um lembrete da promessa de Deus que Ele havia colocado em seus corações.

Mais tarde, meu amigo pastor me contou que sonhavam em ter uma escola e que tudo o que eu disse estava de acordo com o que Deus havia colocado no coração deles. Hoje a escola possui as cores do arco-íris na marca e no seu logotipo.

Dar um passo de fé é uma das coisas mais arriscadas que podemos fazer quando se trata do profético, mas essa é a beleza do processo. É algo que requer da nossa parte sacrifício e obediência e faz com que tiremos nosso foco apenas no resultado da tarefa.

As palavras de conhecimento podem ser confundidas com as palavras proféticas porque muitas vezes não sabemos o que Deus está tentando nos mostrar. Às vezes, Deus cria algo que funciona como um roteiro que precisa ser seguido para que os corações das pessoas se abram; e conforme nos arriscamos e começamos a falar, Ele abre as portas e fala o que só Ele pode falar através de nós.

Palavra Profética

A palavra profética ou profecia é uma palavra reveladora sobre o futuro. A palavra profética geralmente traz "fortalecimento, encorajamento e conforto" (1 Coríntios 14:3), como normalmente acontece com a profecia do Novo Testamento. No entanto, também podemos receber palavras que advertem e corrigem, que são dadas por meio da palavra profética. É importante sempre lembrar que todas as palavras proféticas devem ser provadas e testificadas (1 João 4:1) e que as pessoas que profetizam devem ter bons frutos (bom testemunho de vida com Deus) e não apenas operar de um dom (Mateus 7:16-17). As pessoas que são consideradas profetas também devem estar em comunhão com outros crentes e ter responsabilidade em suas vidas.

É importante ressaltar que a palavra profética não deve nos dizer o que fazer, mas sim o que esperar. Além disso, não devemos tentar fazer nossas palavras proféticas acontecerem, mas permitir que Deus nos encoraje e nos capacite para as coisas que Ele planejou para o nosso futuro. Na verdade, tenho um amigo que diz às pessoas que, quando recebem uma palavra, devem colocá-la em uma prateleira e voltar a ela em alguns anos. Mas gosto de revisitar as palavras proféticas que tenho recebido com mais frequência e usá-las para me encorajar, me fortalecer e me manter alinhado às promessas que Deus tem para mim, minha família e nossos ministérios.

Exemplo bíblico de Jesus

Jesus lhe perguntou: "Você acredita nisso só porque eu disse que o tinha visto debaixo da figueira? Você verá coisas maiores do que isso." Então ele profetizou: "Em verdade vos digo: todos verão o céu aberto e os anjos de Deus subindo e descendo sobre o Filho do Homem, aquele que é a escada entre o céu e a terra". João 1:50-51

Usamos essa mesma história para ilustrar a palavra de conhecimento quando Jesus se revelou a Natanael em João 1. E agora estamos vendo a parte profética dessa história. Lembre-se: as palavras proféticas podem ter uma ou mais partes, palavras de conhecimento, profecias e palavras de sabedoria.

Então, aqui, vemos que Jesus profetizou que Natanael veria coisas maiores e que ele veria o céu aberto e os anjos de Deus subindo e descendo sobre o Filho do Homem. Alguns estudiosos dizem que Jesus está lembrando Natanael da história do sonho da escada de Jacó, em Gênesis 28:12, que a maioria, senão todos os seus discípulos, já conheciam. Porém, como Natanael era um dos discípulos, creio que Jesus estava profetizando que Natanael estaria presente e experimentaria o cumprimento das palavras proféticas que apontam para ele como o Messias.

Entendendo o que Deus está dizendo

Frequentemente, a profecia pode ser tanto literal como figurativa. Às vezes pode ser muito específica e às vezes pode ser muito genérica. É por isso que precisamos do Espírito Santo para testificar se o que está sendo profetizado é realmente de Deus ou não.

Quando Deus nos dá palavras de conhecimento, o feedback é imediato e podemos ver se o que estamos ouvindo é realmente de Deus ou não. Se recebermos o que acreditamos ser uma palavra de conhecimento e perguntamos para a pessoa, seja numa loja ou em um culto na igreja, e a pessoa diz "não, não sinto dor aí" ou "não, essa informação não está correta", então sabemos que o que ouvimos não é de Deus.

Mas quando se trata do profético, além do que sentimos testificar em nosso espírito, só o tempo realmente pode dizer se estamos profetizando algo proveniente do Espírito de Deus ou não.

Palavras de sabedoria

Palavra de sabedoria fala de um evento que está acontecendo e concede sabedoria para fazer algo conforme a direção de Deus. Já foi considerado como algo para ser usado em conjunto com o ensino. Contudo, a palavra de sabedoria possui natureza sobrenatural, o que significa que não é apenas sabedoria terrena, é sabedoria divina e por isso muitas vezes é acompanhada de algum tipo de instrução.

"Pois a um é dada a palavra de sabedoria pelo Espírito, a outro a palavra de conhecimento pelo mesmo Espírito." 1 Coríntios 12:8

Embora esta seja a única vez que a "palavra de sabedoria" é mencionada como um dom e como sendo do mesmo Espírito, ela é significativa e pode ser vista na palavra profética e nas Escrituras. Até o próprio Jesus operou no profético através de palavras de conhecimento e também de palavras de sabedoria.

Veja esta mensagem que Jesus falou aos seus discípulos, e o que considero ser uma palavra de sabedoria.

"E sereis arrastados perante governadores e reis por minha causa, para dar testemunho perante eles e os gentios. Quando vos entregarem, não vos preocupeis em saber como falareis ou o que haveis de dizer, porque o que haveis de dizer ser-vos-á dado naquela hora. Pois não sois vós que falais, mas o Espírito de vosso Pai que fala por meio de vós." Mateus 10:18-20

No espírito profético, Jesus está consolando, confortando e encorajando (1 Coríntios 14:3) seus discípulos de que eles serão perseguidos. Mas ele também está dando a eles a segurança e a sabedoria de que não precisarão preparar nada, pois terão a sabedoria e o entendimento necessário para saber o que dizer e fazer porque o Espírito do Pai falará por meio deles. Podemos ver claramente que, embora esta seja uma palavra profética, que revela o futuro, também é uma palavra de sabedoria, pois Jesus está dando sabedoria sobre o que eles devem fazer quando isso acontecer. Existem muitas passagens bíblicas que podemos usar como exemplos de palavra de sabedoria.

"Pois eu darei a você palavras e uma sabedoria que nenhum de seus oponentes será capaz de resistir ou contradizer". (Lucas 21:15)

"Então, onde isso deixa os filósofos, os estudiosos e os debatedores brilhantes do mundo? Deus fez com que todos parecessem tolos e mostrou que sua sabedoria é um absurdo inútil. Visto que Deus, em sua sabedoria, providenciou para que o mundo nunca o encontrasse por meio da sabedoria humana, ele usou nossa pregação tola para salvar todos os que creem. O caminho de Deus parece tolo para os judeus porque eles querem um sinal do céu para provar que é verdade. E é tolice para os gregos porque eles acreditam apenas no que concorda com sua própria sabedoria. Então, quando pregamos que Cristo foi crucificado, os judeus ficam ofendidos e os gentios dizem que é tudo bobagem. Mas para aqueles chamados por Deus para a salvação, tanto judeus como gentios, Cristo é o grande poder de Deus e a maravilhosa sabedoria de Deus. Esse plano "tolo" de Deus é muito mais sábio do que o mais sábio dos planos humanos, e a fraqueza de Deus é muito mais forte do que a maior das forças humanas". 1 Coríntios 1:20-25

A palavra de sabedoria é uma parte importante do nosso acesso sobrenatural a Deus que podemos aplicar em nossas vidas. Deus é o autor de tudo e tem toda a sabedoria de que nós e aqueles que estão ao nosso redor precisamos. É importante que aprendamos a explorar este belo dom de sabedoria que Deus nos dá e aplicá-lo à nossa jornada profética e procurá-lo em nossas palavras proféticas.

Ao começar a profetizar, você será capaz de articular e discernir o que Deus está dizendo, como Ele está dizendo e o porquê Ele está dizendo. Você começará a ver como Deus combina palavras de conhecimento, profecia e palavras de sabedoria em uma bela e poderosa palavra profética que encoraja as pessoas e impacta seu destino.

Falando em "ver", ativar nossos sentidos espirituais como o "ver" nos ajudará a profetizar e a entender melhor o que Deus está tentando dizer. Vamos pedir a Deus Pai que abra nossos olhos e ouvidos espirituais no capítulo 6.

CAPÍTULO 6: OUVINDO, VENDO, SENTINDO

"E Eliseu orou: "Abre-lhe os olhos, Senhor, para que veja." - 2 Reis 6:17

Assim como existem cinco sentidos físicos, a saber: audição, visão, tato, paladar e olfato, acredito que também existam cinco sentidos espirituais que todos nós podemos experimentar. Conforme visto nas Escrituras, bem como por meio de minha experiência pessoal e das experiências de muitos outros, as formas mais comuns de Deus falar conosco é por meio da audição, da visão ou do sentir. O sentir não significa, necessariamente, o de sentir algo também como uma emoção, como medo ou dor. Mas sim uma impressão ou percepção na mente e até algo sentido no corpo. Por exemplo: lembra-se da história da advogada do último capítulo que "sentiu" que aquela determinada loja era onde encontraria seu tesouro, no Caça ao Tesouro? Ela "sentiu" ou teve uma impressão. É como se Deus desse um tipo de destaque para chamar a atenção dela de que aquele era o lugar onde Ele se revelaria a Mary e o problema do estômago que ela sentia. E realmente era.

Às vezes, apenas sabemos que Deus está falando conosco e, ao investigar o que você acredita que Ele esteja dizendo, você descobrirá se está certo ou não. Ao aprender a ouvir a Deus da maneira que Ele mais fala com você, você será capaz de discernir não apenas o que Ele diz, mas como Ele está dizendo. Deus é o maior artista do universo e o Ser mais criativo que já existiu. Ele gosta de falar conosco de várias formas, mas existem algumas maneiras específicas que Ele usa com mais frequência quando fala com cada pessoa.

Descobri que Deus fala conosco e também através de nós, de modo que permita que Ele seja ouvido.

Eu só ouvi a voz audível de Deus uma vez na minha vida, mas rotineiramente tenho impressões. Vejo imagens ou pequenas visões e já ouvi Deus falar comigo de outras formas em que eu simplesmente sabia que era Ele. Quando as pessoas dizem que "ouvem" a Deus, raramente estão falando sobre realmente ouvir Sua voz audível, geralmente estão falando sobre uma impressão ou um entendimento de que Deus está falando e confirmando algo em seus corações.

É muito importante também que nos lembremos de que Deus fala conosco com mais frequência por meio de Sua palavra. Há momentos em que lemos a Bíblia e sabemos que o que Deus está dizendo é algo específico para nós. Houve momentos em que eu estava lendo algo que não tinha nada a ver com a minha situação, mas Deus confirmou o que eu precisava através de Sua palavra. Eu sabia que Deus estava falando comigo, mesmo que o texto não tivesse nada a ver com a minha situação. Sabemos que "toda a Escritura é inspirada por Deus e proveitosa para ensinar, para repreender, para corrigir e para instruir na justiça, a fim de que o homem de Deus seja perfeito e perfeitamente habilitado para toda boa obra". (2 Timóteo 3.16-17).

Esse texto aponta para a Palavra de Deus como a palavra que Deus deixou para nós para aprendermos e nos tornarmos homens e mulheres de Deus. Hebreus 4:12 diz assim: "Porque a palavra de Deus é viva e eficaz, mais penetrante do que qualquer espada de dois gumes, e penetra até a divisão da alma e do espírito, das juntas e medulas, e discerne os pensamentos e intenções de o coração." A palavra de Deus não é apenas algo escrito há milhares de anos, cheio de histórias que inspiram ou apenas palavras que foram escritas para nossa reflexão. Não. A Palavra de Deus é realmente algo ativo e vivo e são as palavras de Deus para nós até hoje.

Podemos experimentar as coisas do Espírito e ter encontros com Deus por meio de sua Palavra. Podemos compartilhar das experiências dos discípulos e de outras pessoas que estão escritas na Bíblia. Cada encontro que vemos com Jesus e os discípulos, cada experiência e aspecto que aprendemos de Deus é um convite para experimentá-Lo da mesma forma que eles experimentaram ou de maneiras semelhantes.

A palavra de Deus fala, mas é na interação de Sua palavra por meio de Seu Espírito que fala mais diretamente conosco.

Deus está sempre falando, mas será que estamos sempre ouvindo?

Vendo no espírito

Uma das maneiras mais comuns de ouvir a Deus falando sobre a minha vida, bem como de profetizar para os outros é vendo as coisas no espírito. Esta é uma maneira muito comum e bíblica de ouvir a Deus e ver o que Ele está tentando nos mostrar. Tanto no Novo quanto no Antigo Testamento podemos ver essa realidade das pessoas sendo capazes de enxergar no espírito. Lembre-se de que Jesus disse que viu Natanael debaixo de uma árvore (João 1:48), dando a entender que ele o viu através de uma imagem ou de uma visão. Também vemos que Pedro viu coisas no mundo espiritual ao cair em transe e ter uma visão muito vívida (Atos 10:9-16). Estes são apenas dois exemplos de muitos que você mesmo pode encontrar na Bíblia.

Ver no espírito pode parecer uma tonelada de coisas diferentes, desde ver anjos, ter uma visão curta do futuro das pessoas ou até mesmo ver eventos ou informações passadas por meio de uma palavra de conhecimento. Normalmente, chamamos uma pessoa que pode ver no espírito de "Vidente", o que significa apenas que alguém é capaz de ver o mundo espiritual. Conheço pessoas que podem ver anjos e demônios com seus olhos naturais, assim como você vê as páginas deste livro. No entanto, em minhas próprias experiências, e na maior parte do que leio e ouço, as pessoas veem um reino diferente, não com seus olhos naturais, mas com seus olhos espirituais.

Lembro-me de uma circunstância recente e específica em que fui convidado para falar para um grupo de jovens aqui de Florianópolis. Eu estava esperando que Deus falasse comigo antes do culto, enquanto eu preparava minha mensagem. Fiquei surpreso ao ver que, quando o período de louvor começou, eu ainda não havia recebido nenhuma palavra de conhecimento. Geralmente, recebo palavras de conhecimento antes, durante o período de louvor ou até mesmo quando estou pregando.

Como não tinha ainda recebido nenhuma palavra de conhecimento por cura ou qualquer outra coisa, decidi ir para o fundo da igreja e adorar ali em um canto, longe dos alto-falantes e das distrações dos outros. Ao fechar os olhos e começar a adorar, senti como se houvesse um anjo atrás de mim e comecei a receber palavras de conhecimento. Eu podia sentir e até ver que havia algo atrás de mim entregando mensagens de Deus, embora não pudesse vê-lo fisicamente com meus olhos. Nos minutos seguintes, interagi com esse anjo, recebendo palavras de conhecimento e anotando-as. Depois de alguns minutos, senti o anjo sair. Não conseguia mais vê-lo ou senti-lo ali.

Olhei para o outro canto do templo e pude ver outro anjo ali. Sua imagem estava meio turva aos meus olhos espirituais, mas eu sabia que havia outro anjo ali. Rapidamente fui, então, para esse outro canto do templo e, de fato, recebi mais algumas palavras de conhecimento que as escrevi em minha lista, as quais mais tarde compartilhei antes de pregar.

Ver anjos é algo que aconteceu comigo nos últimos anos em muitas ocasiões. Quando Deus me dá uma palavra profética corporativa para uma igreja na qual estou ministrando, muitas vezes vejo grandes anjos na igreja ou conectados à igreja de alguma forma. Lembra daqueles dois grandes anjos de que falei no capítulo dois, que Deus me disse que estavam lá para intimidar o inimigo? Lembre-se do que aconteceu. O pastor me disse que eles estavam exatamente no local em que suas duas equipes de intercessores oravam durante cada culto. Se ao menos pudéssemos ver claramente o mundo espiritual, acho que ficaríamos surpresos ao ver como as coisas espirituais realmente funcionam e o quanto elas afetam o mundo natural. Imagino que veríamos anjos indo e voltando do céu, entregando mensagens de esperança, amor e encorajamento para aqueles que mais precisam!

Embora tudo isso possa lhe parecer estranho, você precisa aceitar o fato de que Maria e José foram informados sobre a gravidez e o nascimento de Jesus através de um anjo (Lucas 1:28-38), os pastores também foram informados sobre o nascimento de Jesus por meio de um anjo (Lucas 2:8-20). A Bíblia está cheia de histórias de anjos e suas interações com os humanos. Na verdade, comecei a voltar minha atenção para o mundo espiritual para ver se posso realmente acessar o que vejo acontecendo. Tudo no Reino de Deus tem um propósito, e com os anjos não é diferente.

A Bíblia diz que os anjos são espíritos ministradores, enviados aos que estão herdando a salvação (Hebreus 1:14). Isso significa que eles são enviados e designados para você e para mim com um propósito! Podemos ver evidências disso com Jesus e Seus discípulos. Curiosos como sempre para ouvir sabedoria e discernimento de Jesus, os discípulos lhe perguntaram: "Quem é o maior no Reino de Deus?" (Mateus 18:1). Jesus tirou um tempo para explicar a eles que precisavam ser como crianças para herdar o reino. Enquanto continuava explicando isso, Jesus falou: "Não desprezeis estes pequeninos, porque até os seus anjos viram a glória de Deus." (Mateus 18:10). Sempre fiquei intrigado e curioso sobre como tudo isso funciona. Mas acredito que as pessoas recebem anjos que são espíritos ministradores enviados a nós para trazer mensagens de Deus e até mesmo para ministrar a nós quando precisamos de ajuda. Talvez tudo isso seja uma informação nova para você, mas como eu disse, os anjos estão por toda parte na Bíblia. Houve uma época da minha vida que criei o hábito de buscar perceber a importância dos anjos, circulando a palavra "anjo" em minha Bíblia toda vez que a visse. Até hoje continuo com esse hábito e posso te mostrar que eles estão literalmente em todo lugar, tanto no Antigo quanto no Novo Testamento! Recentemente, eu também aprendi que a palavra anjo é mencionada mais vezes do que a palavra 'amor' e ainda mais vezes do que a palavra 'pecado' no Novo Testamento.

Uma das minhas histórias favoritas de alguém que viu anjos e os viu no espírito é encontrada em 2 Reis 6:8-17:

"O rei da Síria estava em guerra contra Israel. E, em conselho com os seus oficiais, disse: — Em tal e tal lugar estará o meu acampamento. Mas o homem de Deus mandou dizer ao rei de Israel: — Evite passar por tal lugar, porque os sírios estão descendo para ali. O rei de Israel enviou tropas ao lugar de que o homem de Deus lhe havia falado e de que o tinha avisado, e, assim, se salvou mais do que uma ou duas vezes. O rei da Síria ficou angustiado com este incidente. Então chamou os seus servos e perguntou: — Vocês não vão me dizer quem dos nossos está do lado do rei de Israel?

Um dos servos respondeu: — Ninguém, ó rei, meu senhor. Mas o profeta Eliseu, que está em Israel, conta ao rei de Israel as palavras que o senhor fala no seu quarto de dormir.

Então o rei disse: — Vão e descubram onde ele está, para que eu mande prendê-lo. E contaram ao rei: — Eis que ele está em Dotã. Então o rei enviou para lá cavalos, carros de guerra e um grande exército. Eles chegaram de noite e cercaram a cidade. O servo do homem de Deus levantou-se bem cedo e, ao sair, eis que tropas, cavalos e carros de guerra haviam cercado a cidade. Então o moço disse a Eliseu: — Ai, meu senhor! Que faremos? Ele respondeu: — Não tenha medo, porque são mais os que estão conosco do que os que estão com eles. E Eliseu orou e disse: — Senhor, peço-te que abras os olhos dele para que veja. O Senhor abriu os olhos do moço, e ele viu que o monte estava cheio de cavalos e carros de fogo, ao redor de Eliseu."

Eu amo esse texto! Se pudéssemos ver a realidade do Reino no mundo espiritual, veríamos que, sim, o inimigo existe, porém mais são os que estão conosco do que aqueles que estão contra nós! Na verdade, embora 33% dos anjos tenham caído do céu e se juntado a Satanás, isso significa que 66% permaneceram (Apocalipse 12:4). Mesmo que você não seja bom em matemática, ainda pode ver que temos pelo menos dois anjos para cada demônio que existe. Mas quero te fazer uma pergunta: em primeiro lugar, quem criou os anjos? Você não acha que o mesmo Deus que criou os anjos originais uma vez pode e, provavelmente, também criou mais deles? Eu acredito que sim. E, para mim, é bom saber que de forma alguma somos superados em número pelo exército do inimigo. Os anjos estão conosco, são ativos e estão constantemente fazendo a obra de Deus ao nosso redor o tempo todo.

Impressões ou destaques

Outra maneira de ver ou sentir o mundo espiritual é por meio de impressões, ou o que algumas pessoas chamam de 'destaques', que podem ser diferentes para cada pessoa. É quase como se fosse um tipo de discernimento, porque quando você vê alguém ou algo, simplesmente você sabe que Deus está destacando essa pessoa para você por algum motivo. Isso aconteceu comigo ontem enquanto tomava café com minha esposa e outro casal. Passamos algumas horas conversando com eles, pois eles fazem parte de nossa igreja há pouco tempo. Enquanto conversávamos, vi que o homem estava usando um Apple Watch. O fato de ele estar usando um relógio não era importante, mas quando senti que o relógio estava "destacado" para mim, sabia que Deus tinha algo profético a dizer a eles. Guardei essa informação para mim mesmo até o momento em que nosso tempo juntos estava chegando ao fim e estávamos prestes a partir.

Quando estávamos terminando, disse a ele e a sua esposa que eu tinha uma palavra profética para eles. Eu disse a eles para pegar o telefone e gravar o que Deus queria falar e, quando a mulher foi pegar seu telefone na bolsa, vi que ela também estava usando um Apple Watch! O relógio dela, como o dele, também foi 'destacado' para mim e foi aí que Deus começou a falar comigo profeticamente sobre eles. Depois que percebi que ambos usavam relógios, comecei a ver as coisas profeticamente. Eu vi uma tela de menu na tela dos relógios, e Deus me mostrou as opções deste menu como se fosse a próxima temporada de suas vidas. À medida que comecei a compartilhar o que estava vendo, mais coisas vinham e, conforme elas vinham, comecei a discernir o que Deus estava dizendo e o que Ele não estava. O 'destaque' que Deus me deu não tinha muito a ver com a palavra que entreguei, mas foi a forma que Deus escolheu para comunicar comigo o que Ele queria falar com aquelas pessoas. Deus poderia ter usado um cardápio ou qualquer outra coisa para me comunicar a mesma mensagem, mas escolheu destacar os relógios deles.

À medida que damos nossa atenção a Deus e nos tornamos disponíveis a Ele para falar conosco, descobriremos que Ele frequentemente destaca coisas para nós a fim de nos liderar, guiar e dirigir nossas vidas também. A realidade de viver em um relacionamento com Deus é que Ele está ansioso e disposto a falar conosco, só precisamos estar disponíveis e atentos quando Ele o fizer.

Sentindo - O Sentir profético

Quando se trata de ouvir a Deus através do sentir, tive inúmeras experiências pessoais em que pude sentir a dor de alguém em meu corpo e então sabia que Deus queria curá-lo. Essa é a forma mais frequente que Deus usa para falar comigo com palavras de conhecimento para pessoas, especificamente na área de cura. Geralmente, está relacionado a uma área específica e a um tipo específico de dor, como pulsação ou dor aguda, etc.

Não muito tempo atrás, estávamos fazendo uma reunião com os voluntários de nossa igreja. Durante o período de louvor, comecei a sentir um calor na parte interna do pé esquerdo. Não foi uma sensação natural, pois surgiu do nada e desapareceu de dez a quinze segundos. Percebi e anotei que acreditava que Deus queria curar alguém que tinha um ferimento no pé. Não senti que era o momento certo para orar por aquela cura, pois tínhamos um cronograma específico para aquela noite, mas no final da reunião entreguei a palavra de conhecimento e perguntei se havia alguém ali que precisava de cura em sua vida. Para minha surpresa, de cinquenta pessoas, quatro estavam com dor no pé esquerdo!

Nós oramos e três das quatro pessoas foram curadas. A última pessoa era uma mulher que não estava melhorando completamente. Começamos a orar e depois a profetizar sobre ela e revelar as coisas que o inimigo estava tentando fazer em sua vida para destruí-la. No final da oração, com lágrimas nos olhos, ela confirmou que a dor havia desaparecido completamente. Sim Jesus! O interessante sobre essa dor era que ela havia surgido no dia anterior. Aquela mulher admitiu que estava passando por uma guerra espiritual intensa em sua vida nas últimas semanas, e acredito que esta palavra foi especificamente para ela, pois Deus queria remover o que o inimigo estava tentando fazer para atrapalhar seu destino e destruir sua vida.

Deus por vezes usa nossos sentidos físicos para alinhar nossos sentidos espirituais com o que Ele está fazendo em determinado lugar. Aprender a diferença entre o que é ou não é seu, é algo crítico para aqueles que experimentam ouvir a Deus através do sentir.

Existe algo conhecido como "aquele que sente", e isto ocorre quando você pode realmente sentir as mesmas emoções que as pessoas estão sentindo. Pode sentir o medo delas, pode até sentir o julgamento delas em relação a você, se houver. Particularmente, sou muito sensível às atmosferas dos ambientes e sensível à manipulação e às emoções das pessoas. Algumas vezes, tenho a habilidade de "sentir" as pessoas mais do que eu gostaria. Posso entrar em um lugar para pregar e sentir o que está acontecendo naquela atmosfera. Posso sentir as pessoas enquanto oro por elas ou profetizo sobre elas. Por mais desafiador que às vezes possa ser, percebi que Deus me deu essa habilidade e sensibilidade por um motivo. Posso usar essa habilidade e sensibilidade para ministrar profeticamente ao coração e às necessidades das pessoas.

Deus nos deu nossos dons, nossas habilidades e até mesmo nossa sensibilidade a fim de trazer cura e esperança às pessoas. Devemos usar o que nos foi dado para a glória de Deus e para conectar as pessoas Àquele que as criou.

Atmosferas proféticas

Eu aprendi muito sobre atmosferas e como mudá-las através de uma amiga e também seu livro chamado "Mudança de Atmosferas", que foi escrito por Dawna de Silva. Ela também gentilmente escreveu o prefácio deste livro e sou grato por podermos aprender com sua sabedoria e seu discernimento.

Todos nós experimentamos uma atmosfera espiritual em nossas vidas, quer você perceba ou não. Por exemplo, você já entrou em um prédio, ou caminhou por uma rua de aparência assustadora, ou foi a uma cidade e sentiu um peso ou medo? Já teve um sentimento como "não sinto que pertenço aqui ou preciso sair"? Isso é uma atmosfera, uma onda de rádio ou sinal de rádio sendo transmitido pelo inimigo para causar opressão ou peso espiritual. Existem atmosferas espirituais das quais devemos estar cientes se quisermos andar na vitória que Cristo nos deu. Essas atmosferas podem ser boas e ruins, e se você já entrou na igreja durante um momento poderoso de oração ou adoração, então sabe o que quero dizer.

Quando falamos de uma atmosfera profética, estamos falando sobre uma atmosfera aberta, que torna o profético disponível para fluir. Nessas atmosferas, Deus está especificamente fazendo algo único e o céu parece tangível. Nesse tipo de ambiente, gosto de experimentar, ver o que Deus está fazendo e ver se há coisas novas que estou sentindo ou vendo. Também aprendi que, se houver outras pessoas ungidas por perto, posso entrar em sua atmosfera e unção e atrair seus dons e sua unção.

Quero te encorajar a ser como uma criança quando estiver aprendendo a profetizar e ativando seu sentido espiritual. Jesus disse "se você não se tornar como uma criança, não entrará no Reino de Deus" (Mateus 18:3). As crianças brincam, experimentam e não têm medo de arriscar. Se vamos experimentar tudo o que Deus tem aqui na terra, precisamos aprender a experimentar no espírito. Em atmosferas proféticas, este é um ótimo lugar para experimentar.

Existe uma história interessante no Antigo Testamento que mostra que quando há uma atmosfera profética presente mesmo pessoas que não são profetas ou "proféticas" podem profetizar. O rei Saul era capaz de profetizar sem ser profeta e, pelo que pesquisei, não parecia que ele tinha qualquer treinamento ou ativação profética. Encontramos esta história no versículo 10 de 1 Samuel capítulo 10, mas reserve um tempo para ler o capítulo inteiro quando puder, pois é realmente muito interessante:

"Quando ele e seu servo chegaram a Gibeá, uma procissão de profetas o encontrou; o Espírito de Deus veio poderosamente sobre ele, e ele se juntou a eles em profecias."

Alguns estudiosos dizem que essa procissão de profetas era na verdade uma procissão de adoradores levitas que tocavam harpas, profetizavam e adoravam a Deus juntos. Pessoalmente, descobri que o profético flui mais livremente em mim durante os momentos de adoração e ministração.

Quando a unção de Deus está presente, torna-se fácil ouvir a voz de Deus.

Independentemente disso, quando o Espírito de Deus vem sobre você, tudo é possível.

Enquanto escrevia este livro, liguei para meu pai terreno e experimentamos uma poderosa atmosfera profética criada pelo que Deus está fazendo aqui com este livro. Quando comecei a compartilhar um pouco sobre o assunto deste livro, meu pai começou a orar em línguas e a profetizar sobre mim e sobre este livro. Embora meu pai esteja nos Estados Unidos e eu no Brasil, isso não limitou o que Deus estava liberando. Parte do que ele estava dizendo era tão profundo e específico que comecei a gravar a palavra profética que ele estava liberando no bate-papo por vídeo.

Esse momento foi muito poderoso também porque meu pai passou por uma transformação pessoal ao longo de sua caminhada cristã. Lembra-se da minha introdução? Meu pai deixou de pastorear uma igreja denominacional muito restrita, que não acreditava em profecia, para liderar equipes nas salas de cura das igrejas da Bethel em Redding, Califórnia. Toda a minha família foi impactada pelo profético e pelo Espírito de Deus, pois tanto meus pais como minha esposa e eu fomos formados na Escola de Ministério Sobrenatural da Bethel. Todos nós fomos grandemente abençoados e impactados por causa do reavivamento e do derramamento que experimentamos na Igreja Bethel.

Você saberá quando experimentou uma atmosfera profética, porque começará a sentir o Espírito de Deus sobre você e sentirá a necessidade de liberar a palavra que Deus está colocando dentro de você. Na maioria das vezes, é algo que simplesmente jorra de você.

Aumente sua visão espiritual

A própria oração que Eliseu fez por seu servo foi para que Deus abrisse seus olhos para ver. A beleza de Deus e do mundo espiritual é essa realidade: a de que Deus pode realmente abrir nossos olhos e aumentar a operação dos dons em nossas vidas. Ver no Espírito é um dom que somente algumas pessoas receberam? Sim. Mas aprendi que o que Deus faz por uma pessoa, Ele certamente pode fazer por outra também. E também aprendi que tudo o que cultivamos e administramos com diligência aumenta em nossas vidas. Essas duas coisas são aspectos importantes de nossa filiação. Quando vemos um novo aspecto do caráter de Deus, ou descobrimos alguma maneira pela qual as pessoas O experimentam que ainda não experimentamos, devemos ficar com fome de experimentar mais de Deus. A Bíblia diz que aqueles que "têm fome e sede de justiça serão saciados." (Mateus 5:6). Pessoas com fome serão sempre saciadas.

Ativando "o ver" profético

"— Peçam e lhes será dado; busquem e acharão; batam, e a porta será aberta para vocês. Pois todo o que pede recebe; o que busca encontra; e, a quem bate, a porta será aberta. (Mateus 7:7-8)

Descobri que Deus quer nos ativar no profético e no ver através do nosso espírito, muito mais do que nós mesmos. Deus é um Pai perfeito que sabe dar presentes perfeitos aos Seus filhos. Meu filho, Ben Judah, tem menos de dois anos, mas anseio pelos dias em que ele poderá me fazer perguntas e pedir as coisas que deseja para que eu possa lhe dar. Anseio pelos dias em que poderei ver seu rosto se iluminar e brilhar porque ele abriu um presente meu e de sua mãe que era exatamente o que seu coração desejava. Deus deseja dar a você olhos que possam ver dentro da atmosfera do Espírito e ouvidos que ouvirão Sua voz claramente.

Ao encerrarmos este capítulo, vamos tirar um tempo para pedir a Deus e acreditar que Ele abrirá nossos ouvidos, nossos olhos e todos os nossos sentidos espirituais para que possamos encontrá-Lo de maneiras mais profundas e experimentar a clareza de Sua voz em um novo nível da visão espiritual:

Deus Pai, pedimos agora, em nome de seu filho Jesus, para abrir nossos olhos, para abrir nossos ouvidos e todos os nossos sentidos espirituais para estar em sintonia com o que o Senhor está dizendo. Como abriu os olhos do servo de Eliseu para que ele pudesse ver, pedimos que faça o mesmo por nós hoje. Desejamos experimentar sua voz com clareza e poder. Desejamos ver tudo o que quer que vejamos. Agradecemos pelo presente que o Senhor está liberando livremente sobre nós agora e dizemos sim para caminhar com fé e correr riscos para que as pessoas te encontrem através das nossas vidas. Nós lhe damos permissão hoje para falar conosco e nos mostrar coisas novas. Que assim seja, no poderoso nome de Jesus.

Agora tire um momento e peça a Deus que lhe mostre coisas novas em seu espírito por meio de Sua voz.

CAPÍTULO 7: TORNANDO-SE UM POVO PROFÉTICO

"A profecia leva as pessoas a uma revelação da glória que Deus lhes atribuiu." Kris Vallotton

"Mas vocês são o tesouro escolhido de Deus — sacerdotes que são reis, uma "nação" espiritual separada como devotos de Deus. Ele te chamou das trevas para experimentar Sua maravilhosa luz, e agora ele o reivindica como seu. Ele fez isso para que você transmitisse suas gloriosas maravilhas por todo o mundo. Pois antes vocês não eram o povo de Deus, mas agora são. Antigamente, você não sabia nada sobre a misericórdia de Deus, porque ainda não a havia recebido, mas agora você está encharcado dela." 1 Pedro 2:9-10 (versão The Passion - tradução livre)

Se você tem lido este livro e sua mensagem tem ressoado em seu coração, provavelmente é porque você faz parte do povo profético de Deus. Romanos 8:16 na versão ESV diz o seguinte: "Pois vocês não receberam o espírito de escravidão para voltar a ficar com medo, mas receberam o Espírito de adoção como filhos, por quem clamamos: "Abba! Pai!".

O coração do filho e da filha não deseja nada mais do que ouvir claramente a voz de seu Pai. Nosso espírito anseia por ouvir a voz de nosso Pai conforme Ele dá orientação, encorajamento e sabedoria a nós, Seus filhos. E como seus filhos e filhas, temos o privilégio de "transmitir suas gloriosas maravilhas" por todo o mundo, conectando filhos e filhas perdidos de volta ao Pai.

Anos atrás, quando eu estava começando no profético, tive a chance de entregar palavras proféticas online para as pessoas. Eles me enviavam um e-mail com pedidos de profecia pessoal, e eu orava por eles e enviava uma palavra profética do que Deus estava falando. Para ser totalmente honesto, foi uma época absolutamente incrível, mas também foi muito cansativo, porque exigiu muito do dom do profético em minha vida. Em um período de sete a nove meses, entreguei centenas e centenas de palavras proféticas, enviando pessoalmente e-mails para pessoas que precisavam desesperadamente de uma mensagem de Deus. Aprendi que as pessoas procuram ouvir a voz de Deus de algumas maneiras específicas. Eles querem ouvir uma direção para suas vidas, como por exemplo: com quem vou me casar? Na verdade, "com quem vou me casar?" foi o pedido mais frequente. Em segundo lugar, eles queriam que Deus os abençoasse, geralmente financeiramente. Em terceiro lugar, eles queriam saber o futuro, se seriam bem-sucedidos, se seriam felizes, se teriam uma família. E, por último, eles queriam ser encorajados, queriam saber se Deus estaria com eles para que tudo na vida desse certo. Queriam saber que não estão sozinhos. Pelo tom dos e-mails que recebi, pude sentir o desespero das pessoas para ouvir a Deus. Embora eu não faça mais essa forma de profecia porque não sinto que é o que Deus me chamou para fazer, sempre me lembro de como as pessoas estavam desesperadas para ouvi-Lo.

Eric, um mentor em minha vida, uma vez me disse:

"quando você sabe que é um filho, não precisa mendigar pela atenção de Deus Pai ou implorar para que Ele fale com você".

Esta é a beleza da filiação que quero lembrá-lo. Temos certeza de que Deus falará conosco e podemos sintonizar e ouvi-Lo da maneira que Ele quiser se comunicar. Às vezes Ele fala diretamente conosco, mas muitas vezes Ele fala por meio de nossos líderes, mentores, pessoas da nossa igreja e da nossa comunidade pastoral. Nesta vida, devemos perceber que nunca fomos criados para ficar sozinhos e não obtemos a vitória sem família.

O custo da aliança com as pessoas

Entrei para o Exército dos EUA aos dezessete anos. Era meu sonho me tornar um fuzileiro naval atirador (sniper). Eu cresci assistindo a filmes como Rambo, Coração Valente e Gladiador. Eu achava que a guerra era aquilo. Sempre parecia haver um herói e tinha certeza de que eu era esse cara. Eu seria como Rambo ou William Wallace em Coração Valente. Mas quando bombas reais estão caindo e balas reais estão voando, como eu experimentei no Iraque, você rapidamente percebe que precisa das pessoas certas ao seu redor se quiser sair vivo daquela guerra. Você treina por meses ou até anos com os mesmos homens e, quando vão para a guerra juntos, pode confiar neles. Vocês construíram uma história sofrendo juntos, fazendo coisas difíceis juntos e lutando contra o inimigo juntos. Existe um vínculo comum e uma aliança que é formada quando você vai para a guerra com as pessoas. Eu acredito que Deus nos chamou não apenas para ser um cristão que diz "abraço você no domingo de manhã", mas para sermos filhos e filhas no exército de Deus! Fomos chamados para lutar juntos e formar uma aliança juntos!

Você deve ser capaz de contar com as pessoas que estão à sua direita e à sua esquerda. Quando você pede ajuda, quando pede que orem, é melhor que tenha feito aliança com pessoas que verdadeiramente oram! Tornar-se um povo profético custará algo a você. Custará seu tempo, energia e compromisso. Foi assim que a igreja primitiva começou e era assim que se comportavam. Eles eram um povo que acreditava em Jesus e tinham um senso de pertencimento, eles pagaram o preço para ver o evangelho espalhado pelo mundo. Às vezes as pessoas querem receber de Deus e das pessoas, mas não querem pagar o preço para estar em comunidade. Isto é um erro. Os únicos relacionamentos que valem a pena são aqueles que custam caro a ambos os lados. Este preço inclui me tornar a melhor versão de mim mesmo para que eu possa me tornar o melhor amigo e o melhor colaborador da minha comunidade. Para que possamos realmente fazer parte de uma família profética de encorajadores, precisamos nos tornar discípulos saudáveis de Jesus.

Tornando-se um povo profético e saudável

Quando você libera uma palavra profética sobre alguém, você se torna um vaso que Deus usa para se comunicar com aquela pessoa. Você realmente se torna o filtro para o que Deus deseja falar para eles. O que vem de Deus passa por você e pela sua boca para aquele a ser incentivado e fortalecido. Existem muitas pessoas que são proféticas e podem ouvir a Deus com precisão, mas não são saudáveis e, em suas dores emocionais ou manipulação, "poluem" a mensagem profética que Deus está tentando comunicar. Isso é mais do que apenas teologia correta, que é muito importante também. Mas o que importa aqui é ser uma pessoa saudável, plena e curada para Deus se comunicar.

Para mim, é tão importante, senão mais importante, ser um filtro limpo da mensagem de Deus para os outros, do que apenas ser um filtro preciso. Tenho visto muitos danos causados por pessoas que possuem o dom profético, mas não carregam a natureza e o coração de Deus.

Na verdade, acredito que os cristãos mais destrutivos que existem são aqueles que têm um dom, mas não têm caráter ou são doentes emocionais.

Não me impressiono mais com os dons das pessoas se elas não têm caráter e integridade para viver uma vida saudável como discípulo de Cristo.

Acredito que se tornar um discípulo saudável de corpo, alma e espírito é um dos aspectos mais importantes para nós como seguidores de Jesus Cristo. De fato, em nossa igreja, a Younity Church, em Florianópolis, este é o primeiro aspecto na nossa declaração de missão: "Fazer discípulos saudáveis". Um discípulo saudável de Jesus não manipulará um dom ou ministério para seu próprio bem, não usará informações que Deus deu a ele para prejudicar outra pessoa, não usará os segredos que Deus revelou sobre o coração de outra pessoa para ferir essa pessoa ou fofocar sobre ela. Se vamos ser um povo profético, precisamos nos tornar um filtro limpo para que a mensagem de Deus seja liberada através de nós. Precisamos ser confiáveis nas informações e nos segredos que Deus nos confia. Você é digno de confiança?

Deixe-me fazer uma pergunta. Se eu lhe trouxesse um copo de água limpa e dissesse que ela foi importada das geleiras da Noruega e engarrafada diretamente na fonte da geleira e derretida diretamente na garrafa, você a beberia? Claro, provavelmente ficaria extasiado em beber algo tão exótico e experimentar algo tão incrível! Imagine a qualidade da água, refresca qualquer pessoa que esteja com sede. Mas se eu te dissesse que mesmo sendo importada das geleiras da Noruega, peguei uma gota d'água do vaso sanitário do posto de gasolina local e coloquei na garrafa antes de dá-la a você. Ainda gostaria de bebê-la? Claro que não! Estaria contaminada. Mesmo apenas uma gota é suficiente para poluir toda a garrafa. Já parou para pensar que suas ações e a forma com que você vive sua vida podem estar contaminando a própria mensagem que Deus quer dar aos outros através de você?

Agora, isso não significa que você deva viver com medo de não ser perfeito o suficiente para ser um microfone para a voz de Deus, mas deve ser humilde ao perceber que a maneira como você vive sua vida, a pureza e a santidade que você cultiva irá capacitar ou contaminar o que Deus quer dizer através de você. A Bíblia diz que devemos "ser santos como eu sou santo." (1 Pedro 1:15-16).

Nos Comentários de David Guzisk sobre a Bíblia, ele diz: "A ideia principal por trás da santidade não é somente a pureza moral, mas é a ideia de "separação". A ideia é que Deus é separado, diferente de Sua criação, tanto em Sua natureza e essência quanto na perfeição de Seus atributos. Mas, em vez de construir um muro em torno de Sua Santidade, Deus nos chama para ir até Ele e compartilhar da Sua Santidade. Ele nos diz: "Sede santos, porque eu sou santo".[2]

Ser separado para Deus significa separar-me para Ele. Se você imaginar um homem e uma mulher que ambos se mantêm virgens até a noite de núpcias, eles estão escolhendo separar as partes mais íntimas de si mesmos para o cônjuge. Com certeza eles são tentados como todo mundo, mas escolhem se separar para honrar sua aliança e desfrutar da intimidade que vem de um leito conjugal limpo e consciente.

É loucura para mim constatar que as pessoas querem intimidade com Deus e querem ouvir sua voz claramente, mas não querem se separar e se guardar para serem santos para Ele. A intimidade tem um preço; é o preço da aliança com Deus e de se separar para Ele! Intimidade sem aliança é prostituição, e Deus não permitirá que as pessoas prostituam Sua palavra por falta de santidade.

2 David Guzik, 1 Peter, Comentários de David Guzik sobre a Bíblia (Santa Bárbara, CA: David Guzik, 2013), 1 Pe 1:13–17.

Quando você entender que é o filtro da voz de Deus, isso deve significar algo para você. Quando você percebe que é o filtro que filtra o que Deus está falando, que é aquele que discerne o que Ele está dizendo e tem o poder de liberar Suas palavras, isso deve significar algo para você. Há uma responsabilidade que vem com o fato de ser uma pessoa profética e levar a Sua palavra. Pessoalmente, não assisto a filmes de terror porque posso sentir o espírito e o peso da ação demoníaca na celebração e no entretenimento da morte e do trauma. Escolho manter meus olhos e ouvidos limpos e puros quando se trata de entretenimento, do que eu permito que alimente meu ser, porque sei que sou responsável por meus atos. Aprendi desde muito jovem a passar rapidamente as cenas sexuais dos filmes porque preciso me manter puro. Fui separado para o meu Senhor. Eu ainda faço isso hoje, quer esteja com outras pessoas ou sozinho. Ouçam meu coração aqui. Há uma responsabilidade que vem de ser um profeta e/ ou um povo profético a quem Deus está confiando para liberar Sua palavra. Jesus pagou um preço por nossa conexão com o Pai. Não dilua o valor do que temos Nele por causa de um entretenimento barato.

Apenas deixe isso assentar em seu coração por alguns minutos. Deus está disposto a fazer de você Sua morada para que outros possam experimentá-Lo. Você é um porta-voz de Deus.

"Mas buscai primeiro o seu Reino e a sua justiça, e todas estas coisas vos serão dadas também." Mateus 6:33.

O que são "todas essas coisas"? Acredito que seja companheirismo e intimidade com Ele. Não precisamos ser tão espirituais a ponto de sermos pessoas esquisitas no natural. Isso não é um requisito para ser profético. Deus não precisa que você seja como João Batista comendo gafanhoto e vestindo roupas estranhas. Mas você deve buscar o Reino primeiro, como João Batista fez. Se deseja ser um porta-voz de Deus, essa deve ser a busca de sua vida. Seus maiores sonhos e objetivos devem ser baseados no Reino.

Você é responsável por você

"Acima de tudo, guarde o seu coração, pois tudo o que você faz flui dele." (Provérbios 4:23)

Não há pastor no planeta que seja responsável pelo seu coração. Não é o líder do seu pequeno grupo, não é o seu mentor, nem o seu marido ou sua esposa, nenhum deles é responsável por você. Você é. É sua responsabilidade guardar seu coração, porque se não fizer isso, ninguém mais o fará. Na verdade, Deus nem sempre irá convencê-lo e corrigi-lo. Ele não deveria precisar. Quando você tem uma aliança com Ele, Ele espera que você honre sua aliança.

Por exemplo: minha esposa e eu temos uma aliança de casamento. Em nosso casamento não temos uma lista de regras que podemos e não podemos fazer. Nunca fiz uma lista de regras e fiz minha esposa assinar um papel dizendo que não faria isso ou não faria aquilo. Isso é um contrato, não uma aliança. Alianças são relacionais. Em nosso casamento, ela presta contas primeiro a Deus e é responsável por seu coração e suas ações, assim como eu respondo primeiro a Deus e sou responsável por meu coração e minhas ações. Não posso controlá-la, pois isso não é amor; e se meu casamento for baseado no controle, estará enraizado no medo e na disfunção. O amor nos dá liberdade, mas também nos dá responsabilidade.

A palavra profética nunca é para controlar ninguém. Também não é para dizer às pessoas o que fazer. A palavra profética é dada para que as pessoas saibam o que esperar.

A maior diferença entre o Novo e o Antigo Testamento é que Deus nos deu uma nova aliança enraizada no relacionamento com Ele porque a antiga aliança não era suficiente. Hebreus 8:13 diz o seguinte: "Isso prova que, ao estabelecer esta nova aliança, a primeira agora está obsoleta, prestes a expirar e prestes a desaparecer". Deus por meio de Jesus Cristo restaurou Seu relacionamento conosco para que não estivéssemos sob a lei, mas vivêssemos por meio de Sua graça. Para viver verdadeiramente na graça que Deus nos deu, precisamos honrar nossa aliança com Ele.

Nossa aliança com Deus não se limita apenas a Deus, mas também se estende ao povo de Deus. Vemos essa verdade na vida de Pedro após a ressurreição de Jesus. Jesus revela-se a Pedro e faz-lhe a mesma pergunta três vezes:

"Quando acabaram de comer, Jesus disse a Simão Pedro: "Simão, filho de João, você me ama mais do que estes?" "Sim, Senhor", disse ele, "tu sabes que te amo".
Jesus disse: "Alimente minhas ovelhas. " Novamente Jesus disse: "Simão, filho de João, você me ama?" Ele respondeu: "Sim, Senhor, tu sabes que te amo". Jesus disse: "Cuide das minhas ovelhas". Disse-lhe pela terceira vez: "Simão, filho de João, amas-me?"

Pedro ficou magoado porque Jesus lhe perguntou pela terceira vez: "Você me ama?" Ele disse: "Senhor, tu sabes todas as coisas; Tu sabes que eu amo você." Jesus disse: "Apascenta as minhas ovelhas..." (João 21:15-18)

Meu amor por Deus se estende às Suas ovelhas (Seu povo). Já ouvi pessoas dizerem que amam a Deus, mas não amam a igreja ou não amam as pessoas. Isso não faz sentido! Você não pode amar a Deus e não amar as pessoas. Você não pode ter uma aliança com Deus e não ter uma aliança com Sua igreja, que é Sua noiva. Você precisa se alinhar na sua aliança com Deus e com Seu povo. Reserve um momento agora e pergunte a Deus se há algo que o impeça hoje de ter uma aliança com a igreja e com as pessoas. Pare agora e pergunte a Ele.

Se houver, arrependa-se, perdoe, busque a cura nEle e na comunidade e alinhe-se ao plano de Deus. Porque os planos de Deus para sua vida não são apenas para você, mas também para o corpo Dele.

A importância da comunidade profética

Conheço um profeta que está desconectado do corpo de Cristo. Ele não tem responsabilidade e não tem a segurança e a proteção da família. Isso é realmente lamentável porque ele é um presente (Efésios 4:7) para o corpo de Cristo, mas a dor da rejeição e feridas o mantém distante do povo de Deus.

Seja a dor da igreja ou da rejeição, Jesus experimentou tudo e isso não nos dá o direito de nos separarmos de Seu corpo. É realmente perigoso estar separado do corpo de Cristo. Podemos ver essa verdade na natureza quando leões e tubarões perseguem a presa mais fraca e a presa está separada do resto do rebanho. No mundo espiritual não é diferente. O inimigo vem para matar, roubar e destruir. E as pessoas que estão separadas do corpo de Cristo e da família de Deus são um alvo fácil.

A Bíblia nos dá esse entendimento de que o corpo de Cristo é uma comunidade profética cheia do Espírito e guiada pelo Espírito para continuar as obras de Jesus, ensinar e fazer o que Ele fez.

Fazemos isso por meio de nossa conexão com Deus, nosso amor um pelo outro e por meio do relacionamento. Falamos muito neste livro sobre nossa conexão com Deus Pai, porque é o ponto de partida para a vida cristã. Sem uma conexão com Deus Pai, não há como ouvi-Lo, segui-Lo e cumprir o chamado Dele em nossa vida. Mas nossa conexão com os outros é tão importante quanto isso e é por meio de nosso amor uns pelos outros que criamos e desenvolvemos comunidades proféticas.

A Bíblia diz que Jesus disse a Seus discípulos: "Nisto todos saberão que vocês são meus discípulos: se vocês se amarem". (João 13:35)

Nosso amor um pelo outro não vem apenas de sermos melhores amigos um do outro ou de termos tudo em comum. Não!

Nosso amor vem de amar e honrar quem Deus criou as pessoas para serem. Quando vemos as pessoas ao nosso redor pelas lentes do profético, da maneira que Deus as vê, vendo os tesouros dentro delas, podemos amá-las e honrá-las da maneira que Jesus nos chamou para fazer.

Jesus disse a seus discípulos que as pessoas veriam o amor que eles teriam um pelo outro e saberiam que eram discípulos Dele. Se você ler todo o capítulo 13 de João, perceberá que Jesus disse isso DEPOIS de lavar os pés de seus discípulos.

Agora, eu sei que no contexto de hoje o fato de Jesus ter lavado os pés de seus discípulos não significa muito para nós, mas quero lhe mostrar o quão importante foi essa demonstração de amor. Naquela época, as pessoas não usavam sapatos cobertos, usavam sandálias. Então, quando você entrava em uma casa, seus pés ficavam cheios de sujeira e lama das sandálias que você usava. Cada casa, normalmente, tinha um servo que lavava os pés dos convidados quando eles entravam na casa. Se você ler a história de Jesus lavando os pés dos discípulos em João 13:1-15, não verá que há um servo presente que lavou os pés. Os estudiosos dizem que ninguém lavou os pés antes de Jesus. Dizem, também, que ser um servo era ocupar um dos lugares mais baixos da sociedade naquela época. Além disso, os discípulos estavam lá para comer e, naquela época, eles não tinham mesas e cadeiras como nós usamos hoje. Eles teriam se sentado no chão com uma mesa baixa na frente deles. O que significa que seus pés sujos, se não fossem lavados, ficariam perto da comida. É muito nojento se você pensar sobre isso.

Naquela época, a pessoa de maior importância sentava-se à cabeceira da mesa e os mais importantes sentavam-se ao lado dele, descendo a fila até os menos importantes. Acho que os discípulos naquela noite estavam todos tentando se posicionar perto de Jesus durante o jantar da Páscoa. Todos eles queriam a posição de favor e importância ao lado de Jesus. Mas me deixe fazer uma pergunta: se não havia servo para lavar os pés, mas era um costume e hábito normal, então por que os discípulos não lavaram os pés uns dos outros?

Pense nisso. É a última noite antes de Jesus ser crucificado. Jesus está com eles há três anos e os ensinou a amar e honrar uns aos outros, mas eles ainda não entenderam. Todos os discípulos estão tentando ocupar uma posição de importância e honra ao sentarem-se ao lado de Jesus.

Jesus, sendo incrível como Ele é, decide ensinar-lhes uma das últimas lições antes de morrer. Ele demonstrou na prática o que significa amar e honrar alguém. O mestre assume a posição mais baixa de servo e começa a lavar os pés dos discípulos, um por um. Ele revela que lavar os pés de nosso irmão ou irmã, amá-los e honrá-los, rebaixando-nos para servi-los, não é algo indigno de se fazer. Pelo contrário, ao fazer isso, mostramos ao mundo que realmente somos seguidores de Jesus.

Percebi que se honrarmos e amarmos uns aos outros, faremos as coisas difíceis. Seremos capazes de encorajar, apoiar, servir quando não quisermos. Conseguiremos nos sacrificar uns pelos outros e até nos confrontar uns aos outros em amor. Como esperamos evangelizar um mundo e revelar o amor de Jesus e o poder do Espírito Santo, se não somos capazes de amar e honrar uns aos outros? Por que o mundo iria querer o que temos a oferecer, se não vivemos os valores do Reino de amor e honra?

Se você está lendo este livro e quer os dons de Deus, é porque você tem o desejo de ouvir a Deus e quer ser profeticamente usado por Ele para revelar Seus segredos ao coração dos homens. Faça um favor a si mesmo e junte-se a uma igreja local e sirva à visão deles. Faça parte da família de Deus e ajude a construir o que Deus está fazendo na terra. Obtenha cura para o seus problemas emocionais, perdoe os antigos líderes e encontre líderes que o ajudarão a crescer ao desafiá-lo a ser como Jesus. Sirva à igreja local, torne-se parte da família, conecte-se à tribo que Deus tem para você. Seja um encorajador primeiro na família e peça a Deus para ajudá-lo a participar ou até mesmo a desenvolver uma comunidade profética de encorajadores. Honre as pessoas e ame-as para que se tornem quem Deus as chamou para ser como discípulos de Jesus.

Deus não está apenas levantando profetas, mas pessoas proféticas

Lembro-me de um encontro que Kris Vallotton, da Igreja Bethel, teve anos atrás. Não consegui encontrar os detalhes exatos em minha pesquisa para este livro, mas me lembro da premissa. Ele estava orando a Deus e pedindo por um aumento em Sua unção profética, pedindo a Deus que lhe desse um novo manto para o profético. Pelo que me lembro da história, em uma pequena visão, Deus mostrou a ele que o manto dos profetas não estava caindo apenas sobre pessoas específicas, mas sobre uma comunidade de pessoas. Ele viu que Deus não estava apenas levantando um Billy Graham, ou um João Batista nestas próximas gerações, mas Ele estava colocando seu manto profético em grupos de pessoas. Isso para mim é profundo!

Você deve perceber que Deus tem um propósito de reconciliar filhos e filhas de volta ao Pai. Que tudo isso que Deus criou diz respeito à família, à comunidade, diz respeito a fazer parte do que Deus está fazendo em toda a terra no quadro geral de restaurar as pessoas ao seu propósito e projeto original. A palavra profética lembra quem você é, quem Deus o criou para ser e como o céu o vê. Seu objetivo é encorajar, fortalecer e trazer conforto para você em cada estação da vida. Agora, imagine todas essas coisas dentro de sua comunidade de amigos e família da igreja!

Imagine que na sua igreja local, nos seus ministérios, pequenos grupos, etc. existe uma unção de encorajamento, existe uma unção profética para fortalecer uns aos outros, existe uma unção para trazer consolo aos que estão ao seu redor e a todos que vivenciam sua comunidade .

Vemos a realidade dessa comunidade profética no livro de Atos, no capítulo 2:42-47. Eles eram generosos uns com os outros, estavam comprometidos com o que Deus estava fazendo, experimentavam o favor um do outro, encontravam-se diariamente e encorajavam-se mutuamente no Senhor, louvavam a Deus juntos, e o Senhor os aumentava diariamente. Às vezes pensamos que precisamos ter um grande plano de salvação e guiar as pessoas por etapas para levá-las a se encontrarem com Deus. Na verdade, o que as pessoas precisam é encontrar uma comunidade de pessoas que amam, honram e revelam a Cristo por meio de nossas vozes proféticas de esperança e encorajamento. Você faz parte do povo de Deus, do Seu plano profético para todas as nações.

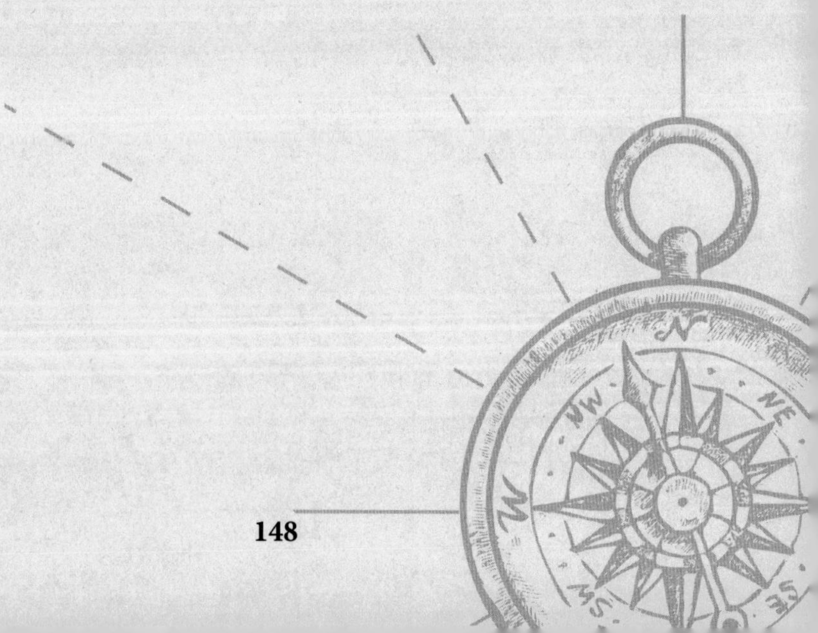

CAPÍTULO 8 - GUERRA ESPIRITUAL: OPRESSÃO CONTRA O PROFÉTICO

"Todo mundo quer ser profético, mas ninguém quer a guerra que vem com isso." - Ryan Lestrange

Não posso, em sã consciência, encorajá-lo a se tornar um cristão profético e entrar em seu chamado profético, sem falar sobre a realidade da guerra espiritual e da opressão demoníaca contra as pessoas proféticas ou seja uma pessoa que sente, percebe ou vê com seu espírito o mundo espiritual e traz o Reino de Deus para a terra . Tenho lutado contra isso, pessoalmente, durante toda a minha vida. Ao continuar a entrar em seu chamado e destino proféticos, você também terá que se envolver com essa realidade.

Como nascemos em um mundo em guerra, não há como evitar o conflito. Mesmo que você escolha ficar distante, ainda assim estará escolhendo um lado. Acreditar em Deus e não se envolver nessa guerra espiritual é negar o poder e a vitória que lhe foram dados. Embora todos precisemos de descanso físico, descanso emocional e espiritual, precisaremos nos engajar na batalha em algum momento porque o inimigo não descansa. Você não pode viver sua vida totalmente comprometido com Deus e não se envolver na tarefa que lhe foi dada. Temos que dominar o inferno, colaborar com Cristo e receber sua vitória sobre o pecado e a morte.

Engajar-se nessa guerra espiritual não significa que você precisa ser esquisito. Não há necessidade de você usar uma armadura para ir à igreja ou gritar em línguas no seu apartamento enquanto balança uma espada sobre a sua cabeça. De fato, o apóstolo Paulo nos lembra que nossa batalha não é contra carne e sangue, mas contra inimigos espirituais. Pratico a arte do Jiu Jitsu, mas infelizmente não vou dar um "mata leão" no diabo tão cedo. Eu gosto desse versículo na versão The Passion da Bíblia:

"Seu combate corpo a corpo não é com seres humanos, mas com os mais altos principados e autoridades operando em rebelião no mundo espiritual; pois eles são uma classe poderosa de deuses-demônios e espíritos malignos que mantêm este mundo sombrio em cativeiro". (Efésios 6:12)

Quero dividir este versículo parte por parte e explicar a importância do que o tradutor da versão The Passion está tentando dizer. Este livro não é um livro acadêmico e não uso a The Passion Version como minha única fonte das Escrituras por vários motivos. Mas, para entender e explicar a guerra espiritual, quero usar esse versículo, nessa versão, para elaborar o que o tradutor está tentando dizer, pois isso nos ajudará a entender melhor o assunto.

"Seu combate corpo a corpo não é com seres humanos."

A guerra, do ponto de vista humano, é algo pessoal e a guerra espiritual não é diferente. É uma luta que acontece de perto. É desagradável e exigirá não apenas sua habilidade, mas sua vontade de lutar. A maior parte das guerras hoje em dia é travada à distância, usando rifles, tanques, artilharia e até mesmo drones. Mas a guerra espiritual é travada de perto. Não estamos lutando literalmente com nossas mãos, mas a natureza do combate corpo a corpo é que, para enfrentar o inimigo, preciso estar próximo em seu espaço. Posso olhar em seus olhos, posso sentir seu hálito. Meu antigo líder das forças armadas disse: "Em uma luta de faca, todo mundo está sendo cortado. Você não conseguirá sair sem algum tipo de corte". Eu, pessoalmente, tive vários encontros com demônios e com o império demoníaco que estava bem de perto.

Certa vez, em nosso culto de domingo de manhã estava muito pesado espiritualmente. Havia um peso que não conseguíamos remover, mesmo durante o período de louvor. Eu podia sentir isso. Sentia a opressão naquela sala, as pessoas travadas para adorar e se entregar. Então, perguntei ao Espírito Santo o que estava acontecendo, e Ele rapidamente me mostrou. Parado do lado de fora da porta da frente de nossa igreja, vi uma besta de três cabeças tentando entrar na sala. Enquanto eu olhava para ele no espírito, ele olhava diretamente para mim e eu podia sentir como se ele estivesse tentando me intimidar. Percebendo que precisávamos nos posicionar em autoridade e forçá-lo a sair, fui até o microfone e sinalizei para a banda parar de tocar. Contei à igreja o que vi e o que íamos fazer a respeito. Expliquei que o inimigo estava tentando oprimir nossa adoração, nos intimidar e nos fazer sentir acovardados. Então, fizemos exatamente o oposto disso. Declaramos vitória! Adoramos a Jesus com todo nosso coração, ordenamos ao inimigo que saísse do nosso território e demos total recompensa a Jesus aquela manhã. Nós oramos, ele partiu e tudo ficou leve, e seguimos em direção ao nosso prêmio, Jesus.

Sempre temos que lembrar de que não estamos lutando contra seres humanos e nesses momentos de ataque e opressão, precisamos que o Espírito Santo abra nossos olhos espirituais para ver e nos dê discernimento para saber o que fazer e como fazer.

"Mas com os mais altos principados e autoridades."

Não estamos lutando contra o time B ou espíritos de posição inferior. Estamos em guerra com os mais altos principados e autoridades. Já ouvi dizer que "quanto mais alto o nível, mais alto os demônios". Também ouvi dizer que a pessoa mais protegida em cada país é o seu presidente. Então, quanto maior o seu valor no reino (aos olhos do inimigo), mais protegido você está. Vou concordar com esses dois pontos. Somos todos a maior ameaça para o inimigo quando cumprimos todo o nosso propósito! Ele conhece o potencial que você tem em Cristo hoje e agora quer impedir você de ser e viver quem você realmente é. Na verdade, a tática do inimigo é eliminar as crianças no útero por meio de doenças e abortos, porque ele sabe que nossos filhos e nossas filhas têm um potencial ainda maior para derrotá-lo e caminhar em nossa vitória.

Todo lutador sabe que quando está treinando para uma grande luta. Ele treina o seu melhor, se esforça ao máximo para ter a maior chance de sucesso. É necessário entender que você é responsável por você mesmo. Se você vai andar em vitória, preparar-se no espírito não é incumbência do seu pastor, líder, de seu pai ou mãe terreno, você precisa "desenvolver a sua própria salvação", como Paulo disse em Filipenses 2:12. Jesus está contigo , mas você tem a missão de desenvolver a sua vitória.

"Operando em rebelião sob os mundos celestiais."

O pecado original veio por causa da rebelião. O diabo caiu por causa de sua rebelião. O inimigo está sempre se rebelando contra o poder de Deus e a direção do Pai. O inimigo é o inimigo porque se rebelou contra Deus e continuará se rebelando até o fim. Não espere que alguém que está em parceria com o diabo faça algo além de se rebelar. Lembre-se sempre que você pode negociar com as pessoas, mas espíritos rebeldes não há como negociar com eles. Devem ser expulsos. Você vence guerras espirituais com ferramentas espirituais. Preste atenção ao que está acontecendo no mundo espiritual.

Essa ideia de que vivemos "sob" as regiões celestiais é uma perspectiva interessante. Não acho que o Céu esteja no céu e é por isso que vivemos "sob" o mundo celestial. Acredito que o Céu é multidirecional, não é nem para cima nem para baixo, mas está dentro e ao redor. Esses mundos celestes, ou regiões celestiais trazem consigo um peso e quando estamos sob ataque e influência espiritual, podemos sentir o peso desses mundos que estão sobre nós. Se isso não fizer sentido pra você, peça ao Espírito Santo para lhe dar uma visão de como o mundo espiritual funciona e Ele o fará.

"Pois eles são uma classe poderosa de deuses-demônios e espíritos malignos que mantém este mundo sombrio em cativeiro."

O propósito dos demônios e do império demoníaco é nos manter presos e nos tornar miseráveis como eles. Não há liberdade para eles, não há restauração ou salvação. Eles já fizeram sua escolha. Eles decidiram que querem a glória, querem atenção, querem matar, roubar e destruir o que não podem ter, que é justamente o que você tem: o livre arbítrio, o poder que Jesus nos deu e a alegria de estar na família de Deus e principalmente de ter Deus como nosso Pai.

O medo é uma das melhores maneiras de manter o mundo em cativeiro. Olhe ao seu redor. A mídia espalha o medo, os governos espalham o medo e sem Deus, o mundo vira apenas um lugar induzido pelo medo. Eu ouvi uma citação de Bill Johnson recentemente que vale a pena compartilhar. Ele disse: "o inimigo não se importa se você está no ministério. Ele só quer que você viva com medo. Porque quando você vive e ministra a partir de um lugar de medo, perde seu poder. E é exatamente isso que ele quer: que você seja impotente."

Às vezes o inimigo nem precisa mais fazer nada. A nossa parceria com o medo nos mantém presos e nos impede de vencer.

Como o inimigo trabalha

Eu diria que sou uma pessoa bem qualificada para falar sobre guerra. Não apenas por causa de minhas experiências proféticas e como pastor, mas porque realmente estive em uma guerra na vida real. Eu fui um atirador de elite do Corpo de Fuzileiros Navais e passei quase dois anos da minha vida no Iraque. Fui ao Iraque em quatro ocasiões distintas, três vezes para os militares e uma vez por conta de um contrato para fazer segurança privada para uma pessoa. Eu vi a violência e experimentei a morte e a destruição do que realmente acontece na guerra.

No Iraque, nossa guerra foi uma guerra contra a insurgência e contraterroristas. As táticas usadas não eram convencionais. Qualquer um, a qualquer momento, poderia ser uma ameaça e sempre houve pessoas inocentes que foram atingidas pela violência. Nosso inimigo, o diabo, não é diferente de um terrorista. Quando você está lidando com um inimigo como este, ele usa qualquer tática que funcione e não importa se tiver de machucar ou matar pessoas inocentes no processo. Ele quer matar e destruir você. Nesta guerra espiritual, na verdade, não há pessoas inocentes. Tem gente que é de Deus e tem gente que é do diabo. Não há terceira opção. O inimigo quer "matar, roubar e destruir" a vida de todos, não apenas dos crentes em Cristo. Ele quer destruir toda a humanidade.

Há um ditado sobre a guerra que acredito ser importante tanto para o crente quanto para um guerreiro na guerra. É uma citação de um general chinês chamado Sun Tzu, cujos livros foram estudados por líderes em todos os aspectos da sociedade, incluindo negócios. Ele diz: “Se você conhece o inimigo e conhece a si mesmo, não precisa temer o resultado de cem batalhas. Se você conhece a si mesmo, mas não conhece o inimigo, para cada vitória conquistada, você também sofrerá uma derrota. Se você não conhece o inimigo nem a si mesmo, sucumbirá em todas as batalhas.”

Eu diria que a maioria dos cristãos não conhece Deus Pai o suficiente para entender o poder que realmente recebeu. Eles também não se conhecem o suficiente para saber quais são suas fraquezas, tendências e não conhecem o inimigo o suficiente para entender suas táticas e truques. Se a maioria de nós não sabe nada sobre nada, como esperamos vencer esta guerra espiritual?

A maioria de muitos de nós, não tem intimidade com Deus em um nível que nos dê autoridade para guerrear corretamente. E não é porque Deus não queira nos dar isso. O profeta Oséias escreveu isso em uma palavra do Senhor: “Meu povo está sendo destruído por falta de conhecimento” (Oséias 4:6). Este conhecimento é um conhecimento de Deus, uma intimidade e relacionamento com Ele, bem como com Sua palavra.

No livro do Apocalipse, Jesus disse o seguinte através do apóstolo João: “E eles o venceram e conquistaram por causa do sangue do Cordeiro e por causa da palavra do seu testemunho, porque não amaram a sua vida nem renunciaram à sua fé, mesmo quando confrontados com morte.” (Apocalipse 12:11)

Precisamos entender o poder do sangue de Jesus, pois é por meio de Seu sangue que podemos vencer o pecado e a morte. O sangue é poderoso e contém o poder da vida em si mesmo. Jesus derramou

Seu sangue voluntariamente por nós e pagou o sacrifício por nós, a fim de que fôssemos restaurados em Deus Pai e fizéssemos parte da família. Este é o cristianismo básico sobre o qual cantamos. Mas a revelação do sangue não é uma canção bonita para se cantar, é o preço que foi pago pela nossa vitória!

A segunda maneira pela qual eles (nós) o conquistaram (o diabo) é pelo "poder do testemunho deles". Sabe o que aprendi na guerra? As táticas de guerra são sempre escritas com o sangue daqueles que vieram antes de nós e nos deixaram experiências e exemplos. Quando íamos para o Iraque, sempre recebíamos as últimas atualizações e os treinamentos das linhas de frente da guerra, por quê? Como essas táticas eram atuais, as informações vinham de ataques ocorridos dias ou semanas antes. Aprendíamos imediatamente com os erros que acabavam de ser cometidos e com o sangue e a morte de amigos e inimigos. Aprendemos quais táticas funcionavam e quais não funcionaram e mataram pessoas. Quando olhamos para nossa vida em Cristo, nosso testemunho é poderoso porque vem por meio de nosso aprendizado pessoal e crescimento como filho ou filha de Deus. Os testemunhos de outras pessoas também são poderosos porque também custaram um preço. Podemos aprender com os outros e experimentar a graça que receberam em suas vidas.

Aprendemos nas forças armadas que as táticas de guerra foram escritas através do sangue e das mortes de aliados e inimigos. Por exemplo: Você faz alguma coisa e o inimigo contra-ataca e as pessoas se machucam ou morrem. Então, você muda de tática. Este processo se repete até que alguém vença a guerra. Nosso inimigo usa as mesmas táticas e acabamos caindo na mesma armadilha de acreditar em suas mentiras e sucumbir diante delas. Assim como acontece em uma insurgência, o inimigo usa uma estratégia de longo prazo. Ele permitirá que você tenha pequenas vitórias porque ele sabe esperar. Devemos crescer em nossa compreensão da verdade e do Espírito para que possamos derrotar o inimigo em nossa vida diária. Cristo o derrotou na cruz, mas ainda estamos aprendendo como praticar essa verdade em nossa vida diária.

Lembro que anos atrás eu estava em uma viagem missionária. Seriam seis países em 6 meses. Decidi que só leria a Bíblia, assim não levei comigo nenhum outro livro, nem ouvi podcasts ou qualquer pregação até o terceiro mês. Eu decidi que o Espírito Santo era quem iria me discipular, assim como aconteceu com o apóstolo Paulo.

Durante o terceiro mês, decidi ouvir uma mensagem de Bill Johnson, pastor da Bethel Church, e escrevi dez páginas de anotações nos primeiros vinte minutos da pregação! O Espírito Santo falou comigo e disse claramente: "você pode aprender fazendo as coisas sozinho, ou pode aprender e receber de outros que vieram antes de você. A escolha é sua". Mais tarde, acabei estudando por dois anos na Escola de Ministério Sobrenatural da Bethel (BSSM), assim como meus pais. Encontrei minha esposa por meio de todas as conexões que fiz na escola. Minha esposa também se formou pela mesma escola da Bethel, tendo estudado lá por três anos.. Sou grato por ter escolhido receber o encorajamento e a sabedoria do pastor Bill Johnson, pois isso revolucionou minha vida.

Precisamos valorizar nosso testemunho e o testemunho de outras pessoas como líderes, tais como pastores e ministros de confiança, bem como pessoas que têm sabedoria e servem a Deus há décadas, que vieram antes de nós. Eles estão na luta e no fogo há anos. Têm sabedoria sobre o que funciona e o que não funciona. O poder do nosso testemunho não é apenas nosso individualmente, é nosso coletivo, como corpo de Cristo.

Não precisamos reinventar ou aprender tudo sozinhos. Podemos aprender com o testemunho dos outros, que deu ou não certo, e receber a graça e a sabedoria que eles têm em suas vidas. Este é o corpo de Cristo.

A força do seu testemunho é também a força da sua aliança com Deus. É uma aliança que não é renunciada, mas que se mantém firme, mesmo diante das ameaças do inimigo. É uma fé em Deus que não é medida pelas circunstâncias, é a fé que Jó declara na Bíblia: "mesmo que ele me mate, eu ainda confiarei nele." (Jó 13:15) É a fé de Sadraque, Mesaque e Abede-nego que disseram: "mesmo que nosso Deus não nos livre, ainda assim não mudaremos de ideia e não adoraremos a um Deus diferente." (Daniel 3:18).

Esse tipo de fé somente se desenvolve por meio da intimidade e do relacionamento com Deus, da construção de uma história com Ele. Nosso testemunho faz parte de nossa experiência e parceria com Deus. Construímos nosso testemunho ao aprendermos quem Deus é, experimentando-O de maneiras diferentes. Pagamos um preço por esse testemunho, um preço de crescimento e experiência ao aprendermos a viver as verdades que Deus nos revelou de forma pessoal.

Existem dois ataques específicos que quero abordar aqui para todo cristão que é uma pessoa profética e o que fazer com esses ataques.

O ataque de desânimo

João Batista é um dos meus heróis pessoais e um profeta de Deus incrível. Na verdade, isso é o que Jesus disse sobre João Batista: "Em verdade vos digo, entre os nascidos de mulher não surgiu ninguém maior do que João Batista." (Mateus 11:11). João Batista foi quem batizou Jesus e viu a pomba representando o Espírito Santo descer sobre Jesus. Este é o mesmo João Batista que pregou que o Messias estava chegando e pregou também uma mensagem revolucionária sobre o arrependimento e a vinda do reino dos céus! Esse homem era um revolucionário, era profético, tinha dons, carisma, unção. Ele preparou o caminho do Messias.

É interessante, porém, que depois de tudo isso, João se viu na prisão por estar pregando a verdade. Ele pregou contra o rei daquela época, e o rei não gostou. Então, ele colocou João na prisão. Podemos ler uma parte dessa história em Lucas 7:18-28. Vou resumir para você: João está na prisão e ele começa a ouvir falar sobre todas as coisas que Jesus está fazendo. João sabe que provavelmente será morto e fica um pouco desanimado. Podemos perceber esse desânimo porque ele começa a se questionar se tudo o que fez na vida valeu a pena.

Posso imaginar João ali, sentado na cela, esperando para morrer e o inimigo vê isso como um momento oportuno para desencorajá-lo. Estou usando a imaginação profética aqui, mas imagino que o inimigo tenha começado a lançar mentiras na mente de João, algo do tipo: "Você desperdiçou sua vida com esse tal de Jesus, João", "Todas aquelas experiências que você teve, elas foram falsas", ou "Ah, você acha que é um profeta João? Deus deixaria seus profetas sentados em uma prisão esperando morrer?".

Vemos que a tensão das circunstâncias começam a afetar João mais do que as verdades que ele tinha experimentado. A sua situação externa está fazendo com que a dúvida e a falta de fé entrassem no seu coração. Isso acontece com todos nós. O inimigo sabe como nos desanimar, e que gatilhos tocar. O desânimo nos leva a um caminho de incredulidade e desistência. Quando estamos emocionalmente fracos, como João estava nesse momento, os ataques e as mentiras parecem penetrar ainda mais fundo em nosso coração.

João está na prisão e está ouvindo tudo o que Jesus está fazendo, mas ele quer algum tipo de confirmação, apenas para ter certeza de que entregou sua vida para o Messias certo. Ele está desanimado e sabe que vai morrer, mas quer ter certeza de que o preço que ele está pagando não vai ser em vão. Então ele envia seus discípulos até Jesus para perguntar a Ele e confirmar se Jesus é realmente o Messias. Eles perguntam a Jesus: "Você é realmente aquele que foi profetizado, ou devemos esperar por outro?" Perceba a dúvida e o medo que existem nessa pergunta. É João falando por meio de seus discípulos.

Eu amo a forma como Jesus respondeu ao coração de João. O versículo 21 diz o seguinte: "Sem responder, Jesus voltou-se para a multidão e curou muitos de suas doenças incuráveis." Jesus não respondeu à dúvida com uma resposta racional ou falada. João não precisava de uma resposta física, ele precisava de uma resposta espiritual. Jesus respondeu com poder e autoridade. Respondeu com um testemunho que poderia ser transmitido a João por seus discípulos. Jesus mostrou a João mais uma vez, através da manifestação do Seu poder, que Ele realmente era o Messias.

Isso é algo incrivelmente encorajador para mim, porque Jesus não repreendeu a João. Ele não disse "ah, homem de pequena fé. Você está fraco e desanimado nesta prisão e está perdendo sua fé em mim". Ou, "o que aconteceu João, basta apenas um pouco de tempo na prisão e você perde sua fé?" Jesus não é o acusador. O diabo o é. Jesus fez o que era necessário para encorajar e trazer a esperança de volta ao coração de João. Este é o nosso Jesus. Quando estamos sob ataque, Jesus nos traz esperança e encorajamento. Dar a vida por Jesus é a melhor coisa que você pode fazer com ela.

Alguns anos atrás, quando estávamos começando nossa igreja,

minha esposa e eu liderávamos um pequeno grupo que se reunia nas quartas-feiras à noite. Uma noite, durante a pandemia, tínhamos mais de trinta pessoas neste pequeno grupo e começamos a perceber que precisávamos multiplicar o grupo. Até começamos a fazer planos para isso. No entanto, na próxima semana, apenas uma moça apareceu. Fizemos a reunião mesmo assim: comigo, minha esposa Kesia e essa outra garota. Eu fiquei superdesanimado. Comecei a ter várias dúvidas assim: "Será que eu disse algo errado na semana passada? As pessoas não gostaram de nós?" "É difícil aqui!" Todas as mentiras começaram a entrar em meu cérebro.

Mas, então, perguntei a Jesus o que estava acontecendo e Ele me respondeu claramente. Ele disse: "o inimigo está tentando te matar com o desânimo!" Quando ouvi aquilo comecei a rir, pois percebi que isso não tinha nada a ver comigo ou com minhas habilidades. Era o inimigo que estava tentando me desencorajar. Então, pensei: "Bom, se ele está tentando me desencorajar, provavelmente está tentando desencorajar outros pastores da minha cidade também". Então, mandei uma mensagem para todos os meus amigos pastores na minha cidade e agendei um café com eles, algo que aconteceria de forma mensal e que continua até hoje. Eu compartilhei com eles esta mensagem do que ouvi Jesus me dizer e comecei a lhes dar esperança e encorajamento para derrotar o ataque do inimigo em suas vidas. O inimigo sempre usará as circunstâncias externas para fazer com que você pare o que Deus o chamou a fazer. Não caia em seus ataques e truques. Seja encorajado hoje!

O ataque da depressão e da opressão

O profeta Elias é um dos nossos heróis espirituais no Antigo Testamento. Esse homem ouvia a Deus e carregava consigo o poder de Deus. É incrível ver como Deus usou a vida dele para transformar a história de indivíduos e nações durante seu tempo na terra. Elias fez coisas incríveis, incluindo "o duelo dos profetas", onde Elias chama fogo do céu na frente de quatrocentos e cinquenta falsos profetas de Baal e revela o poder do verdadeiro Deus de Israel. Essa história poderosa é encontrada em 1 Reis 18:18-46. Após esta incrível exibição de poder, o profeta Elias mata todos aqueles falsos profetas.

No entanto, apesar de tudo o que Deus fez por meio de Elias, logo depois disso o vemos correr para salvar sua vida, fugindo de uma rainha má, chamada Jezabel.

"Acabe contou a Jezabel tudo o que Elias havia feito e como havia matado todos os profetas à espada. Então Jezabel mandou um mensageiro a Elias para dizer-lhe: — Que os deuses me castiguem se amanhã a estas horas eu não tiver feito com a sua vida o mesmo que você fez com a vida de cada um deles! Elias ficou com medo, levantou-se e, para salvar a vida, se foi e chegou a Berseba, que pertence a Judá. E ali ele deixou o seu servo." (1 Reis 19:2-3).

Após a ameaça de Jezabel, Elias fica com medo e foge para salvar sua vida. O medo muitas vezes é irracional porque o medo é além do natural, é espiritual. O inimigo quer que tenhamos medo e abandonemos nossa missão. Ele usa isso para causar uma carga de opressão e induzir a depressão quando estamos com medo. Isso realmente fará com que abandonemos a tarefa que Deus nos chamou para realizar ou que fujamos dela, como Elias está fazendo aqui. Pense o quão apavorado Elias deve ter ficado para fugir de uma ameaça, depois de simplesmente ter invocado fogo do céu e matado quatrocentos e cinquenta falsos profetas?

Logo depois que começamos a ver a depressão se instalar em Elias, a Bíblia nos mostra, alguns versículos adiante, que ele pede a Deus "tira-me a vida, pois não sou melhor do que meus pais". Este ataque de medo causado por Jezebel é mais profundo do que palavras. É um ataque espiritual e manipulador que fez com que o peso da opressão viesse e levasse Elias à depressão.

Você não sai da sua maior vitória para querer morrer, a não ser que seja por uma forte influência espiritual e um ataque pesado do inimigo. Se você deseja crescer nas táticas espirituais e na guerra do inimigo, estude o espírito de Jezebel, pois existem livros inteiros escritos sobre as táticas desse tipo de espírito. Tem sido catastrófico para líderes e profetas que não sabem lidar com a manipulação e astúcia de como este espírito opera.

À medida que a história continua, vemos que Deus fala com Elias. Ele se revela e realinha Elias com o poder e a verdade de Deus mais uma vez. Lemos que Deus o restaura ali na caverna e o envia de volta para cumprir Seu propósito.

Elias permaneceu vivo e ouviu a voz de Deus mais uma vez, o que lhe trouxe clareza, fazendo com que se alinhasse novamente com seu propósito.

O inimigo tentou usar o medo, a opressão e até a depressão para fazer com que Elias desistisse de sua missão. Essa é uma tática que o inimigo usará para fazer você desistir, porque ele sabe que se você desistir, ele vence.

(Lucas 10:19). Então, como diz o pastor Bill Johnson, "se Deus nos deu todo o poder e a autoridade, então quanto de poder e autoridade o diabo tem? Nenhum, a não ser que acreditemos em suas mentiras. Quando você acredita na mentira do inimigo, você fortalece o mentiroso".

Mantenha as mãos no arado e siga em frente na direção da sua tarefa. Desânimo e medo virão, pois os ataques fazem parte da natureza do inimigo. Ele vai usar o que puder: opressão, depressão e mais dezenas de outros ataques que não tenho tempo de citar aqui, mas não desanime, não desista, mantenha a fé e persevere.

O apóstolo Paulo escreveu o seguinte para nos encorajar a continuar e manter nossos olhos na eternidade:

"Portanto, não desanimamos. Embora nosso eu exterior esteja se desgastando, nosso eu interior está se renovando dia a dia. Pois esta leve e momentânea tribulação está preparando para nós um peso eterno de glória acima de toda comparação, visto que não olhamos para as coisas que se veem, mas para as que não se veem. Pois as coisas visíveis são transitórias, mas as invisíveis são eternas". (2 Coríntios 4:16-18).

Ele também disse: "apegando-me à palavra da vida, para que no dia de Cristo eu possa me orgulhar de não ter corrido ou trabalhado em vão. Mesmo que eu seja derramado como libação sobre a oferta de sacrifício de sua fé, estou feliz e me regozijo com todos vocês. Da mesma forma, vocês também devem se regozijar e se alegrar comigo." (Filipenses 2:16-18).

Apeguem-se na palavra de Deus e mantenham-se no curso meus amigos. Deus é fiel, e vocês vencerão se não desistirem.

O inimigo usará tudo o que puder para roubar, matar e destruir você e o corpo de Cristo. Até mesmo as circunstâncias externas para parar o que Deus Pai chamou você a ser e fazer. Suas táticas não são novas. De fato, ele faz coisas semelhantes a estas há milhares

de anos.

Aprendi na guerra e na igreja que um dos ataques mais destrutivos e mortais é chamado de "fogo amigo", e é absolutamente mortal e destrutivo. A loucura do "fogo amigo" é que o inimigo não é responsável por esses ataques, mas, sim, os seus próprios "amigos". As pessoas do corpo de Cristo é que acabam fazendo o trabalho do inimigo por ele.

Acredito que essas disfunções na igreja devem ser curadas se quisermos andar no verdadeiro poder e na autoridade que Deus nos deu como cristãos proféticos, cidadãos do céu que trazemos o padrão do Reino para a terra.

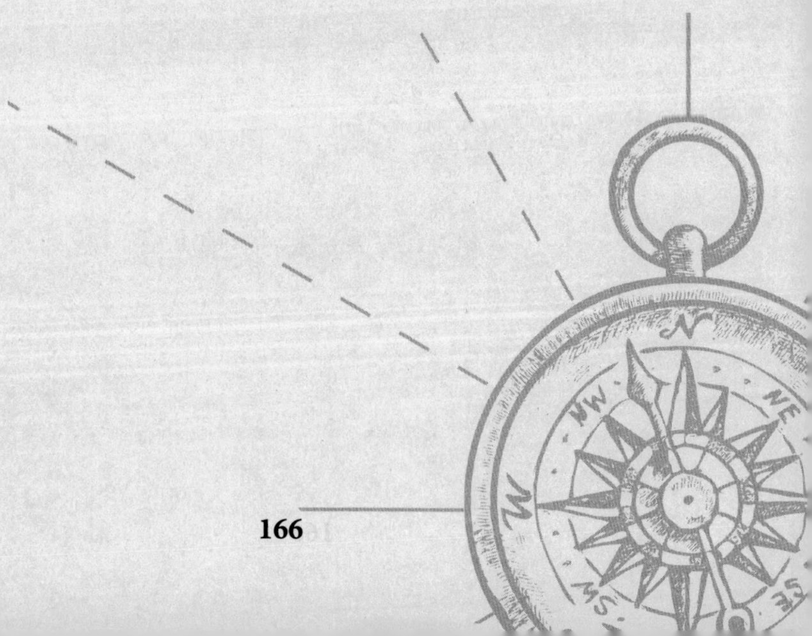

CAPÍTULO 9: CURANDO A DISFUNÇÃO PROFÉTICA NA IGREJA

"Não despreze as profecias. Teste todas as coisas; retende o que é bom." - 1 Tessalonicenses 5:20-21

Há tantas coisas sobre as quais eu poderia escrever neste capítulo que daria praticamente um outro livro. Mas reduzi algumas disfunções e identifiquei soluções que todos podemos aplicar para trazer cura na área do profético e cura para a igreja. Sei que é fácil apontar problemas na igreja. Qualquer cético ou crítico pode fazer isso. Mas meu desejo é focar em como todos nós podemos nos envolver em trazer cura para essas áreas e, o mais importante, nos mantermos pessoas responsáveis diante da verdade de Deus.

Valorizar os dons sobre as pessoas

Uma das maiores tragédias na igreja é que valorizamos mais os dons, os talentos, o que as pessoas têm do que as próprias pessoas em si. Vemos isso o tempo todo em igrejas ao redor do mundo. Elas valorizam a quantidade de pessoas que podem atrair por causa de seus dons, mais do que seu caráter e seu valor como pessoas. Damos mais valor às pessoas na igreja com base no que elas podem fazer por nós, e não em quem elas realmente são. Este é um sistema de valores do mundo, não do Reino de Deus.

Esse sistema de valores é disfuncional e não contribui de forma significativa para a expansão do Reino. Não li em nenhum lugar na Bíblia que Jesus valorizou as pessoas pelo que elas poderiam fazer para Ele. Na verdade, Jesus fez exatamente o oposto. Ele escolheu pescadores para se tornarem ministros em uma época em que havia templos cheios de rabinos e outras pessoas mais "qualificadas", que Ele poderia ter escolhido. Você já pensou sobre isso? Por que Jesus não recrutou seus discípulos entre os escribas e fariseus da época? Por que Ele não escolheu discípulos que conheciam a Lei e que estavam no templo todos os dias?

Eu acredito que é porque Jesus olha para o coração das pessoas, não apenas para suas habilidades. Ele procura integridade e humildade, não apenas talento. (Lucas 18:14).

Jesus escolheu os homens e as mulheres mais improváveis para transformar o mundo e, ao fazer isso, deu a todos nós esperança de entrar em nosso destino profético. Ele não escolheu os mais talentosos, mas escolheu aqueles que estavam dispostos a sacrificar suas vidas para segui-Lo. Pense nisso por um minuto: Deus escolheu uma adolescente chamada Maria para carregar e dar à luz Jesus! O que havia nela de tão especial? O que essa garota tinha que a garota mais influente ou mais rica da época não tinha? Por que ela?

Deus sabia que Maria carregaria Jesus de uma maneira que exaltaria Seu propósito e não o nome de Maria. O próprio Jesus sempre escolheu pessoas que construiriam o Reino de Seu Pai, não pessoas que construiriam seu próprio reino. Hoje, ficamos impressionados com os mais influentes e talentosos e, geralmente, são estes que recebem as oportunidades. Mas Jesus recrutou incrédulos sem nenhum talento religioso para se tornarem Seus maiores discípulos! Na verdade, Ele escolheu os rejeitados da sociedade para mudar o mundo. É importante perceber que Ele não escolheu o que já estava disponível. Ele criou e formou quem seriam Seus discípulos.

Espero que você entenda isso, porque isso deveria nos trazer um temor santo. Tenha cuidado se você está tentando se exaltar com os dons e as habilidades que recebeu, porque o Rei não compartilhará Seu trono com nossos talentos ou habilidades.

Não adore os dons dos outros nem os valorize tanto a ponto de esquecer que existe um Criador que é o doador de tais dons.

Muitas vezes, Deus usa pessoas em uma área em que elas têm menos talento natural para que elas tenham necessidade de continuar dependendo Dele.

A cura para a igreja e o profético virão quando nos concentrarmos nas mesmas coisas em que Jesus se concentrou. Jesus não veio para ser servido, mas para servir (Mateus 20:28). Ele não veio para receber, mas para dar (João 3:16). Ele não veio para ser amado, mas para amar. Na verdade, em vez de criar uma nova aliança com mais regras do que a primeira, Jesus revelou que para Deus Pai o relacionamento é mais importante do que as regras. Ele revelou que o amor é mais importante do que apenas fazer o bem; e revelou que no Reino o que é mais importante são as pessoas. Jesus resumiu tudo o que devemos e precisamos fazer:

"Amar a Deus, amar os outros e amar a si mesmo (quem Deus criou você para ser)". O amor não requer talento ou dons, requer compromisso e sacrifício. E caminhar em nosso destino profético requer fé e amor.

Se devo amar bem os outros, também preciso amar a mim mesmo, porque fui criado à imagem de Deus. Não preciso diminuir meu valor para aumentar o valor dos outros, muito pelo contrário, se eu não souber me amar e me honrar não poderei amar e honrar os outros. Não posso amar as outras criações de Deus se não puder amar a criação que sou. Parte do nosso problema é que não conseguimos amar os outros porque não nos amamos e não nos sentimos confortáveis com quem Deus nos criou para ser. Por conta disso, ficamos impressionados com os dons que as pessoas têm em vez de ficarmos impressionados com as pessoas que Deus criou. A raiz disso provavelmente está no fato de que não nos sentimos valiosos. Ao nos tornarmos um discípulo saudável e seguidor de Jesus, nossas prioridades devem estar alinhadas com as prioridades do céu. Amar a Deus e amar as pessoas, incluindo a nós mesmos.

No Reino, todos temos valor e não é preciso rebaixar meu valor, negar meus talentos ou minhas habilidades para exaltar a Deus. Ele não é inseguro. Esse problema todo é mais uma questão interna do que externa. Posso ser o melhor em determinada coisa e exaltar a Deus ainda mais, ou posso ser o melhor em determinada coisa e exaltar menos a Deus porque meu coração e minhas motivações estão errados. Verdadeiramente, tudo depende do nosso coração.

Mencionei, anteriormente, que não dou mais palavras proféticas pessoais por e-mails como fazia anos atrás. Pessoalmente, cheguei à conclusão de que não sou uma máquina de venda automática em que as pessoas podem apenas fazer um pedido do que desejam e exigir que Deus fale comigo sobre elas. Este não é o papel de quem tem o ofício de profeta ou do profético. A responsabilidade do profeta e daqueles que são proféticos é conectar as pessoas ao Pai, não apenas dar-lhes uma resposta Dele. Percebi que as pessoas queriam usar meu dom para obter uma resposta em vez de buscar um relacionamento com Deus. Isso não estava alinhado com meu propósito profético.

Meu propósito no profético não é dar palavras proféticas pessoais a todos no planeta, mas equipar o corpo de Cristo para a obra do ministério (Efésios 4:11-13). É capacitar Seu corpo para que busquem se conectar com Ele e levem outros, de forma profética, a se conectarem com Ele. Essa missão tira o foco de mim, dos meus dons e da minha conexão com Deus e coloca o poder nas mãos do povo de Deus. Isso obriga as pessoas a serem responsáveis por sua conexão pessoal com Deus. Coloca o poder de suas vidas em suas mãos.

Uma pessoa que tem dons não é responsável por você. Você é! E todos nós precisamos buscar, pessoalmente, a voz de Deus e sua sabedoria para nossa vida e do nosso destino.

Deus revela o valor que você tem ao dar-lhe a vida. Não se esqueça disso.

"A disfunção na igreja e no ministério profético acontece quando tentamos obter do homem algo que só podemos obter através de um relacionamento pessoal com Deus."

Manipulação é bruxaria - Feitiçaria

De acordo com o dicionário Webster Miriam, a manipulação é:

- Controlar ou manipular por meios astutos, injustos ou insidiosos, especialmente para vantagem própria;
- Mudar por meios astutos ou injustos para servir a um propósito de alguém.

Muitas vezes ouvi que manipulação é bruxaria, como espírito de feitiçaria. E podemos ver, apenas olhando para sua definição, que também é algo egoísta, injusto e que se aproveita de outra pessoa com objetivo de controlá-la. A manipulação é suja e se você prestar atenção, vai poder sentir o "lodo" da manipulação quando pessoas manipuladoras estão por perto. Se você sente que alguém está sempre tentando controlá-lo, tentando levá-lo a fazer coisas que não quer, ou sempre tentando influenciar o que você diz e o que faz, etc., provavelmente você está sentindo o peso da feitiçaria (manipulação) sob a qual você está.

Eu gosto de como a versão da Bíblia The Passion traduz esta passagem das Escrituras em inglês, pois eles usam as palavras "manipular os outros" em vez de "feitiçaria" ou "idolatria e bruxaria":

"Os desejos da vida-egoísta são óbvios: imoralidade sexual, pensamentos lascivos, pornografia, perseguir as coisas em vez de Deus, manipular os outros, odiar aqueles que atrapalham o que você está fazendo, ter discussões sem sentido, ficar ressentido quando os outros são favorecidos, ter acessos de raiva, brigas raivosas, pensar apenas em si mesmo, amar suas próprias opiniões, invejar as bênçãos dos outros, assassinatos, vícios descontrolados, festas selvagens e todos os outros comportamentos semelhantes. Eu já não avisei que aqueles que usam sua "liberdade" para essas coisas não herdarão o reino de Deus?" (Gálatas 5.19-21 - versão The Passion).

O objetivo da bruxaria é o controle, enfeitiçar alguém e isso é egoísta e está alinhado com um mundo espiritual que não é de Deus. O próprio diabo tem tentado tirar o comando de Deus desde que era um anjo no céu. Ele deseja glória para si mesmo e quer que as coisas sejam feitas do seu jeito.

Nesta vida, eu acredito que estamos servindo apenas um ou o outro. Ou estamos servindo a Deus ou estamos servindo ao diabo. Se eu estou apenas servindo a mim mesmo e não ao Reino de Deus, então estou fazendo parceria com um espírito errado. Se olharmos para o contexto do pecado original, quando e por que o pecado entrou no mundo pela primeira vez? O pecado entrou no mundo através da rebelião da humanidade contra a direção de Deus. Adão e Eva deram ouvidos ao diabo e desobedeceram a Deus, e através de suas desobediência e rebelião eles convidaram o pecado para entrar em suas vidas e nas nossas também. Ao se rebelarem contra Deus, eles manipularam o que foi falado e convidaram o pecado e a morte para o mundo. Na verdade, Adão tentou manipular Deus! Ele disse "foi por causa da mulher que me deste." (Gênesis 3:12)

"Pois a rebelião é como o pecado de feitiçaria, e a teimosia é como a iniquidade e a idolatria." (1 Samuel 15:23)

Deixe-me esclarecer: a igreja não é lugar para manipulação e bruxaria. Não é o lugar para fofocar, criticar os outros e controlar como as outras pessoas pensam sobre eles. Não é lugar para culpar alguém e conseguir o que quero ou fazer as coisas do meu jeito. Não é o lugar para nada disso. Se vamos curar a manipulação na igreja, precisamos buscar a verdade e nos alinhar à verdade de Deus em todas as áreas de nossa vida.

A raiz da manipulação costuma ser o medo, mas isso não é desculpa para manipular alguém. Na verdade, quando sinto medo, tenho a obrigação de enviar esse medo de volta ao inferno e me alinhar com a verdade de Deus em minha vida.

Não devo dar uma desculpa nem espaço para agir de forma manipuladora, ou mesmo permitir que as pessoas me manipulem. A manipulação é comum e muitas vezes acontece porque as pessoas têm medo de dizer a verdade e/ou perder o "controle". Como cristão, devo viver no amor e na verdade e até confrontar em amor, com objetivo de viver a partir da verdade. A primeira pessoa que precisamos confrontar em nossa vida somos nós mesmos, pois, não temos o direito de julgar os outros se fizermos parceria com algo demoníaco, vivendo mentiras, culpando os outros ou querendo controlar pessoas.

Aprendi que uma ótima maneira de ajudar a eliminar a manipulação e a feitiçaria em minha vida é ter alguém disposto a eu prestar conta de meus atos e ter figuras de autoridade em minha vida. Tenho pessoas, como meu pai espiritual e mentores, das quais recebo um feedback verdadeiro que me ajuda a processar o que o inimigo está tentando fazer para me destruir, destruir minha família e meu ministério. Se eu estiver passando dos limites, ou tiver algo disfuncional, eles não tem medo de me dizer a verdade e me ajudar a me realinhar com o propósito e plano de Deus para minha vida. Fomos criados para relacionamento e não para isolamento.

Não permita que o inimigo o isole porque você tem medo de ser vulnerável e que as pessoas o desafiem ou o encorajem a crescer. Temos maior autoridade no espírito quando nos submetemos à uma autoridade.

A desculpa do "Deus disse"

Um dos tipos mais comuns de manipulação na igreja é a desculpa do "Deus disse". Certa vez, quando estávamos no primeiro ou segundo ano de nossa igreja, um casal veio até nós e disse: "o Senhor me disse que deveríamos estar em sua igreja". Animados, nós dissemos: "Ótimo! Estamos felizes por Deus tê-los trazido aqui". Algumas semanas depois, minha esposa e eu começamos a receber mensagens desse casal no Whatsapp, dizendo que eles estavam preocupados com algo que minha esposa Késia disse no final de um de nossos cultos. Eles não acreditaram que o que Késia disse era verdade e começaram a nos dizer que estávamos errados e éramos uma igreja antibíblica! Como se não bastasse, eles começaram a conversar com um outro casal de pastores que eles sabiam que eram nossos amigos e tentaram manipulá-los para virem contra nós. Ironicamente, esse casal de pastores nos conhecem muito bem, conhecem a nossa família, há anos temos comunhão, ministramos juntos e até já participaram do nosso Workshop Básico Bethel SOZO aqui no Brasil. Minha esposa e eu somos os diretores oficiais do ministério Bethel SOZO aqui no Brasil.

Depois de alguns dias de trocas de mensagens, eles finalmente nos disseram: "É que Deus nos disse que devemos deixar sua igreja e ir para esta outra igreja". Ficou claro que não era Deus que estava conduzindo a vida deles, mas sim suas emoções. E quando pararam de gostar do que a gente falava, escolheram ir embora. Achamos que seria o fim dessa disfunção e manipulação, mas não. Eles tinham outros amigos e até um parente que ainda eram membros da nossa igreja. Esse casal, então, começou a dizer a essas pessoas que elas iriam para o inferno porque faziam parte de nossa igreja. Isolou o parente e os amigos e não queriam mais ver eles. É sério... Parece até exagero! Este era um tipo de casal totalmente disfuncional, manipulador e destrutivo que parecia estar trabalhando mais para o diabo do que para Deus.

A verdadeira razão pela qual muitas vezes as pessoas usam essa fala "Deus disse" ou "Deus me disse" é que elas não querem assumir a responsabilidade por suas próprias decisões. Assim como Adão culpou Eva, o casal não queriam aceitar a responsabilidade por suas escolhas. Eles não querem fazer coisas que não tem vontade de fazer, não querem ter que construir relacionamentos com pessoas de quem discordam, não querem ter que fazer coisas difíceis para crescer. Eles só querem usar esse argumento, "Deus disse", no final de suas escolhas, para sair de qualquer situação em que se encontrem.

Essas pessoas têm boas intenções? Provavelmente. E tenho certeza que a maioria deseja seguir a Deus, mas seguir a Deus nem sempre significa fazer a minha vontade. Na verdade, seguir a Deus me leva a fazer coisas difíceis, ter conversas difíceis, tomar decisões difíceis e seguir o caminho mais difícil nos relacionamentos. Para nós, seguir a Deus envolve confrontar alguém ou obedecer, um chamado para jejuar, etc. Para os discípulos, seguir a Jesus era uma decisão que implicava em morte na certa. Você acha que os discípulos realmente queriam ser crucificados de cabeça para baixo, queimados vivos, dados aos animais, etc? Não, eles estavam seguindo Jesus, aquele a quem amavam.

Eu gostaria que este casal tivesse ficado em nossa igreja e fosse ministrado pela nossa incrível família da igreja local. Na verdade, você não precisa concordar comigo para pertencer à nossa igreja. Claro que se for questões de heresias, antibíblicas precisam ser confrontadas e alinhadas. Mas existem diferenças que não fazem diferença, inclusive, eu espero que não concorde comigo em tudo mesmo. Eu gosto de bacon e ovos no café da manhã e waffles com maple syrop (xarope de bordo). Nem todo mundo gosta disso e não tem problema. Gosto de acreditar que todos estamos crescendo como filhos e filhas, como discípulos de Cristo. Mas quando as pessoas tentam causar divisão e contenda na minha igreja local ou em qualquer outra igreja ou aspecto do corpo de Cristo, eu vejo o diabo nisso. Nossa igreja se chama Younity Church, que é a combinação das palavras "You (você) e unity (unidade)". Acreditamos que cada pessoa é a igreja e todos somos chamados a construir a unidade enquanto corpo de Cristo. Acredito que uma igreja unida é uma igreja poderosa, e a noiva de Cristo não terá mancha nem ruga; não terá manipulação ou disfunção.

Como posso evitar usar essa justificativa "Deus disse"

Enquanto aprendemos a profetizar, não há problema em dizer coisas como: "Ainda estou aprendendo tudo isso, mas é isso que sinto em meu coração a seu respeito...". A humildade mostra que você valoriza o outro e é atencioso com as pessoas. Agora, quando nós dissermos "Assim diz o Senhor, você vai para a China...", se estivermos errados, isso afetará a vida dessa pessoa, sua conexão com Deus, sua crença no profético e até mesmo sua conexão e crença na realidade do plano de Deus, que é Sua igreja e Seu povo. Não preciso dizer "assim diz o Senhor" quando estou praticando o profético. Quando estou aprendendo a ouvir a Deus, é importante que eu permaneça ensinável e corrigível. Não digo às pessoas o que fazer, apenas o que esperar.

Minha esposa e eu escolhemos o nome Benjamin Judah (Ben Judah) para nosso filho, alguns meses antes de ele nascer. Um dia estávamos participando de uma chamada no zoom[3] com vários pastores da igreja Bethel e de outras partes do mundo. Durante o tempo profético, um homem nos disse que queria profetizar sobre nosso filho ainda não nascido. Ele disse: "Deus me deu um nome, mas não quero influenciar ou manipular a decisão do nome do filho de vocês. Mas vou te dizer o que o nome significa. "Filho da minha mão direita". Késia e eu rimos e dissemos a ele: "Deus lhe disse Benjamin, certo?" Ele respondeu "sim! esse é o nome". Pois era o nome que já tínhamos em nosso coração, por isso sabíamos do

3 Zoom é um aplicativo para chamada de vídeos comumente utilizado por pessoas e empresas.

significado. Como isso é lindo. Não tinha a ver com "Assim diz o Senhor, você deve dar esse nome ao seu filho!" Não, ele nos honrou e escolheu nos encorajar e não influenciar no nome de nosso filho. Isso é Reino e isso é lindo, sem manipulação alguma e sem o: "olha como sou legal, Deus fala comigo". Foi um momento muito bonito e escolhemos dar o nome de nosso filho Benjamin Judah. (Filho da nossa mão direita e da nossa adoração).

É importante que você entenda que muitas pessoas foram feridas e manipuladas por palavras proféticas que foram mal compreendidas e compartilhadas incorretamente. Lembre-se de que alguns capítulos atrás eu disse que "você se torna o filtro da voz de Deus que os outros experimentarão". Quão horrível é dar uma palavra profética incorreta a alguém e ao invés de ser humilde e assumir a culpa, você coloca a culpa em Deus!? É de natureza demoníaca culparmos a Deus por nossas próprias falhas e imprecisões. Estamos todos crescendo em nossa conexão e compreensão da voz de Deus. Use sabedoria, discernimento e humildade e você vai refletir o amor do Pai.

Lobos que parecem ovelhas; falsos profetas

"Os falsos profetas não são motivados pelo amor, mas pela necessidade de serem notados." Kris Valloton

Nem todos na igreja ou que têm dons proféticos estão realmente trabalhando com Deus para trazer força, esperança e encorajamento para a igreja. Jesus disse para tomar cuidado com "lobos em pele de cordeiro" referindo-se à natureza viscosa dos falsos profetas. Não acho que devemos viver com medo de que existam falsos profetas ao nosso redor e na igreja, mas devemos pedir a Deus sabedoria e clareza sobre como lidar com eles.

Lembro-me de ter ouvido uma história sobre como é que um caixa de banco era capaz de distinguir entre notas falsas de cem dólares e notas reais de cem dólares. Você poderia achar que eles estudariam todos os tipos de notas falsas que existem para saber o que procurar, certo? Errado. Aqueles que trabalham com dinheiro o dia todo conhece o que é dinheiro real, sente a textura do papel, o seu peso etc. Eles não gastam tempo conhecendo as notas falsas do mundo, pois isso é um desperdício de tempo. Eles conhecem o que é genuíno e o que é real. Quando você sabe exatamente como é a textura de uma nota real de cem dólares, você saberá identificar a nota falsa quando encontrá-la. A questão é que não precisamos estudar ou gastar tempo e energia procurando por falsos profetas. Torne-se uma pessoa profética verdadeira e aí você saberá o que uma verdadeira pessoa profética e alguém que tem o oficio de profeta, como faz e como ele opera.

Um verdadeiro profeta, seja aquele que tem este ofício como também pessoas que são proféticas, operam em amor, poder e para edificar, exortar e trazer consolo (1 Coríntios 14:3).

Quando você tiver experimentado aquilo que é real, será fácil identificar e rejeitar a manipulação, a condenação e as manobras viscosas do falso profeta.

Jesus disse:

"Cuidado com os falsos profetas, que vêm até vocês disfarçados como ovelhas, mas por dentro são lobos devoradores. Vocês vão conhecê-los pelos seus frutos. Os homens colhem uvas dos espinheiros ou figos dos cardos? Toda árvore boa dá bons frutos, mas toda árvore ruim dá frutos ruins. Uma árvore boa não pode dar frutos ruins, nem uma árvore ruim dar frutos bons. Toda árvore que não dá bom fruto é cortada e lançada ao fogo. Portanto, pelos seus frutos os conhecereis. (Mateus 4:15-20)

Nem toda pessoa que dá frutos ruins é um falso profeta, mas todos os falsos profetas terão frutos ruins. Você será capaz de prová-lo, você o experimentará. Você poderá sentir a escuridão, a manipulação e a motivação egoísta dos falsos profetas. Não há amor, humildade ou encorajamento. O diabo nunca quer que você seja encorajado e levantado.

Anos atrás, tive uma experiência ruim entre mim e outra pessoa dentro do ministério que eu estava. Foi tão ruim que a integridade do meu nome e ministério foi denegrido. Em um lugar que foi distorcido a verdade sobre mim. Foi uma época brutal da minha vida, pois muitas dessas pessoas que ouviram mentiras sobre mim, eram meus heróis e pessoas que eu respeitava muito. Embora eu quisesse tentar me defender, sabia que não adiantaria. Então decidi deixar minha defesa nas mãos do meu advogado Jesus e permitir o fruto da minha vida falar por si só. Anos se passaram e hoje vejo que há um grande contraste entre a vida desta pessoa e a minha, entre meu ministério e desta pessoa, não em número de milagres ou algo assim, mas nos frutos que as pessoas podem experimentar através da minha vida e consequentemente, do meu ministério. Descanse na verdade a sua vida, no final, o verdadeiro coração e a motivação das pessoas sempre serão vistos e os frutos experimentados.

O Espírito Santo o conduzirá a toda a verdade

Quem são os falsos profetas do mundo e na igreja? Embora eu não ache importante fazer uma "caça às bruxas" tentando expor todos os falsos profetas por aí, acredito, no entanto, que você pode aprender a identificá-los e a saber como lidar com eles.

Há algum tempo atrás, tive um sonho que era de natureza muito específica, pois envolvia uma pessoa específica e uma situação específica de manipulação. Pedi clareza a Deus sobre como interpretar o sonho e pedi discernimento sobre o que estava acontecendo. Sei que quando tenho sonhos que envolvem simbolismo e intensidade, posso discernir se é de Deus ou não. Aprendi a prestar atenção nos meus sonhos e embora não tenhamos falado muito de sonhos neste livro, quando Deus me dá um sonho, geralmente é algo claro e preciso. Então, alguns dias depois de ter tido esse sonho específico com esse indivíduo, essa pessoa se aproximou de mim e começou a discutir comigo sobre algo com o qual ela nem deveria estar se envolvendo, pois não dizia respeito a ela. Fofoca e manipulação fazem você se sentir sujo e até enjoado; e eu me senti sujo e enjoado durante a conversa.

Lembrando do meu sonho e do que Deus havia me mostrado, pude entender o que estava acontecendo, porque o Espírito de Deus havia falado comigo dias antes o que iria acontecer com essa pessoa. Me senti encorajado e pude revelar a verdade naquela conversa e não ser manipulado. Devemos nos sentir encorajados porque Deus quer revelar a manipulação e o engano mais do que nós queremos que seja revelado. Ele te mostrará... se você perguntar, estiver aberto e disposto a ouvir.

Ao lidar com falsos profetas, o que devemos fazer?

"Não despreze as profecias. Teste todas as coisas; retende o que é bom." (1 Tessalonicenses 5:20-21)

Devemos testar quem libera a palavra profética, não apenas a palavra profética. Não separo os dons das pessoas que os tem. Lembre-se de que eles são um filtro do que Deus está ou não dizendo. É claro que devemos acreditar no evangelho e na graça de Deus, pois há esperança de redenção nesta vida. Na verdade, "nossa desesperança em relação a um problema é maior do que o próprio problema." (Steve Backlund). Se cremos no Deus da restauração, então devemos acreditar que nada é impossível para Deus. Deus sempre tem planos para as pessoas e deseja que ninguém pereça (2 Pedro 3:9). As pessoas que são manipuladoras e envolvidas com feitiçaria e demônios dentro e fora da igreja também são dignas do sangue de Jesus Cristo, caso escolham aceitar o perdão e Seu sangue.

Deve haver arrependimento. Não há restauração sem arrependimento. E quando alguém está errado e não se arrepende, quando manipula e tem motivações erradas na vida e ministério, não vejo um caminho para a restauração e por isso não me envolveria com eles na vida ou no ministério.

RESUMINDO

Eu poderia e talvez deveria escrever um livro inteiro para responder a algumas perguntas que sei que este capítulo trouxe para você. Mas vou deixar para você o seguinte resumo:

- Seja humilde e faça tudo com a base no amor. Seja como Jesus;
- Não manipule as pessoas para lucro pessoal ou por qualquer motivo, especialmente com quaisquer dons do espírito, como a profecia;
- Honre quem as pessoas são e quem Deus as criou para serem; tire o tesouro que Deus Pai criou de dentro cada um.
- Se você vai dizer "Deus disse", é melhor estar absolutamente certo de que Deus disse isso e que você não está apenas usando "Deus disse" como uma desculpa para suas próprias decisões pessoais;
- Tenha cuidado com os lobos em pele de cordeiro, mas perceba que há muito mais filhos e filhas do que lobos. Aprenda a discernir o que é manipulação e feitiçaria e como usar limites para barrar a influência manipuladora das pessoas em sua vida;
- Discirna o espírito das pessoas e preste atenção nos seus frutos, não no que eles dizem; mas procure sentir o 'sabor' de seus frutos. Você está "degustando" humildade ou orgulho e arrogância? Eles são pessoas saudáveis ou apenas possuem muitos dons?
- Se estiver errado, assuma a responsabilidade pelo seu erro. Você deve se responsabilizar tanto pessoal quanto corporativamente;
- Por último, ame e trate as pessoas da maneira que você gostaria de ser tratado. Estenda graça e corrija em honra e amor, quando necessário.

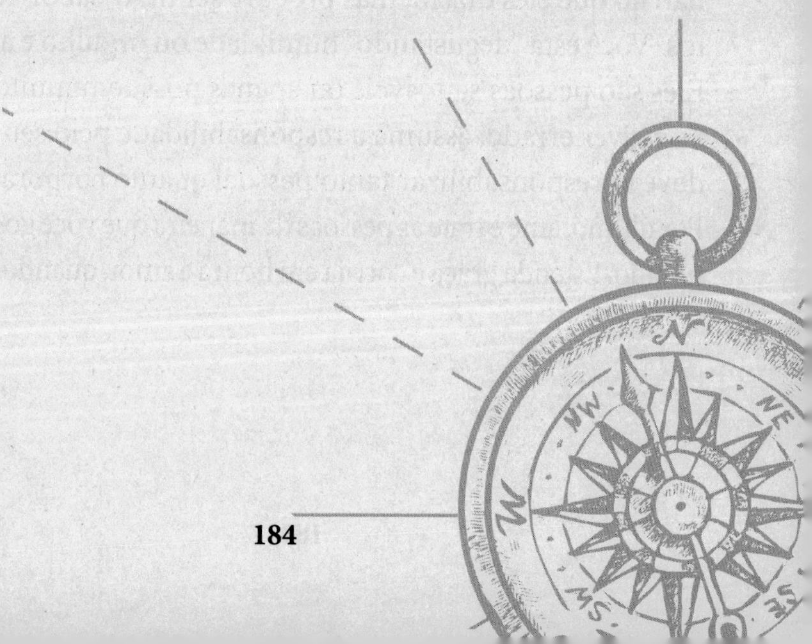
N
NW
NE

CAPÍTULO 10: SUA AVENTURA PROFÉTICA ESPERA POR VOCÊ

"Cada capítulo de sua vida, por mais diferente e difícil que tenha sido, faz parte da revelação de seu destino profético." Andy Frasure

Definindo o curso de sua vida

Quando eu estava me tornando um atirador (sniper) do Corpo de Fuzileiros Navais e suportando a brutal Escola de Atiradores de dez semanas em Kaneohe, Havaí, fomos encarregados de aprender a fazer navegação terrestre com apenas um mapa e uma bússola. Recebemos seis pontos com coordenadas de mapa e a tarefa era localizá-los em um mapa e, em seguida, encontrar esses pontos na vida real, caminhando para cada ponto no limite de tempo de seis horas. Em cada ponto havia um código escrito em uma caixa de metal, e tínhamos que retornar aos nossos instrutores com todos os seis códigos corretos em seis horas. Aprendemos vários tipos de técnicas, como leitura das características de um terreno e outras mais.

Essas técnicas funcionaram bem durante o dia, quando havia luz e podíamos usar as montanhas e estradas para nos guiar até cada ponto. Mas quando tínhamos que fazer a navegação terrestre à noite, havia apenas uma coisa em que podíamos confiar: nossa bússola. Posicionamos a agulha da bússola na direção que precisávamos seguir e, em seguida, alinhamos a linha no bisel com a linha norte na bússola. Ambas as linhas brilhariam no escuro, para que você pudesse vê-las sem muita luz, e manteríamos esses dois pontos alinhados enquanto caminhávamos em direção aos nossos pontos. Amo essa analogia porque é relevante para nossa caminhada espiritual com Cristo.

Deus nos deu uma bússola que é o Espírito Santo e, quando a vida parece mais sombria, podemos navegar usando nosso discernimento e confiando na Sua voz. Ele é como uma bússola que funciona bem durante o dia, mas também brilha na escuridão da nossa vida para nos guiar no caminho certo.

O próprio Jesus disse: "Mas, quando vier o Espírito de verdade, ele vos guiará a toda a verdade…". (João 16:13)

Deus tem um destino profético para você, descobri-lo é somente por meio de seu relacionamento com o Espírito Santo e do discernimento de Sua liderança que você encontrará seu caminho. Quando na vida ficamos perdidos, sentimos tudo nebuloso e difícil de enxergar, temos nossa bússola, o Espírito Santo, Ele está disponível para nos conduzir e nos guiar.

É de suma importância para sua vida, sua família e para as futuras gerações de sua família que você cresça em seu relacionamento com Deus e aprenda a ouvi-Lo por si mesmo e pelos outros. O propósito da vida profética e da palavra profética é viver a vida a partir da sua conexão com Deus.

Como mencionei na introdução, esta citação de Mark Twain é tão importante no início deste livro quanto no final: "Os dois dias mais importantes da sua vida são o dia em que você nasceu e o dia em que descobriu o porquê". Descobrir seu destino profético e o propósito que Deus tem para você nesta terra é essencial para cumprir tudo o que Ele tem para você neste lado da eternidade.

Ao longo de sua vida ministerial, Jesus compartilhava parábolas para levar as pessoas a se engajarem e interagirem com o que Ele estava querendo dizer. A palavra grega para parábola significa "colocar ao lado de", significando que Ele colocaria verdades espirituais ao lado das histórias naturais para levar as pessoas a se conectarem com os princípios que Ele trazia. Em Marcos 4:10-11 os discípulos perguntaram a Jesus por que Ele sempre falava em parábolas. Jesus respondeu a eles dizendo: "O privilégio de conhecer intimamente o mistério do Reino de Deus foi concedido a vocês, mas não a outros, onde tudo é revelado em parábolas".

As parábolas têm como objetivo levar as pessoas a pensarem sobre o que exatamente é que Jesus gostaria que compreendêssemos e fizéssemos.

Na verdade, Deus nem sempre nos dá a resposta, porque Ele quer que busquemos as respostas que só podem ser encontradas Nele. Percebi que Jesus não se importa em deixar as pessoas com perguntas não resolvidas porque ao buscá-Lo intensa e intimamente elas recebem a resposta.

É um privilégio ter intimidade com Deus e andar com Ele enquanto Ele desvenda o mistério do Reino de Deus. À medida que buscamos compreensão, sabedoria e respostas, obtemos mais de Jesus.

O convite

Tudo o que Deus faz em nossas vidas é um convite. Um convite ao crescimento, um convite à aventura, um convite à obediência, um convite à transformação. Na verdade, eu gosto muito da tradução da Bíblia em inglês chamada "The Passion Translation" e a usei já muitas vezes ao longo deste livro, pois sempre parece revelar um novo aspecto de Jesus para mim. Quando Jesus está chamando Seus discípulos, a maioria das traduções diz: "Venham e sigam-me e eu farei de vocês pescadores de homens". Mas a tradução The Passion diz: "Venha e siga-me, e eu os transformarei em homens que pescam pessoas para Deus".

Esta proposta de transformação é o convite que Jesus sempre nos faz. É um convite ao desconhecido, pois nem sempre sabemos o que vai acontecer. É um convite à confiança.

O interessante é que o próprio ato ou chamado para a transformação significa que você não pode permanecer o mesmo. Não há como ser transformado e permanecer onde está e como está.

As pessoas que desejam mudanças em suas vidas, que desejam experimentar tudo o que a vida tem a oferecer e que desejam viver a vida em todo o seu potencial, sempre passam por uma transformação. As transformações são um processo que acontece ao longo do tempo e exige intencionalidade, sacrifício e comprometimento. A transformação não é fácil, mas os resultados são incríveis!

Eu costumava praticar luta greco-romana há 20 anos, no ensino médio, mas comecei o Jiu-Jítsu brasileiro aqui no Brasil há cerca de um ano. Quando você estiver lendo isso, serei pelo menos faixa azul no Jiu-Jítsu. Por mais que eu ame esportes físicos e sempre tenha sido ativo em minha vida, nunca foquei em praticar o Jiu-Jítsu brasileiro. Mesmo morando aqui já há quatro anos, eu ainda não tinha começado a treinar. Mas um dia recebi um convite de um dos membros de nossa igreja e aceitei o convite para ir. Fui perceber, mais tarde, que o convite era um convite para uma profunda transformação física e mental. Embora a luta greco-romana e o Jiu-Jítsu sejam esportes semelhantes, eles também são muito diferentes.

No último ano, tive que passar por um processo de transformação de mente porque as regras do Jiu-Jítsu são, de certa forma, totalmente opostas às da luta greco-romana. O que faz você vencer na luta greco-romana, na verdade, faz você perder no Jiu-Jítsu. Tive que desaprender e depois reaprender a maneira correta de fazer as coisas do jeito do Jiu-Jítsu brasileiro. Foi um processo bonito, mas doloroso. A primeira vez que competi no Jiu-Jítsu pensei que estava ganhando, mas quando o tempo acabou e olhei para o placar, descobri que na verdade havia perdido por 10 a 3. Eu não podia acreditar, pois pensei que estava ganhando. Digo às pessoas que lutei bem naquele dia, mas infelizmente estávamos competindo no Jiu-Jítsu e não na luta greco-romana! Felizmente, depois disso, aprendi bastante e ganhei o ouro no meu segundo torneio. A dor da derrota me motivou a buscar o crescimento e a transformação. Hoje continuo aceitando o convite para desaprender minhas velhas experiências e me transformar através do novo.

Os convites são poderosos porque, na verdade, colocam o poder nas mãos daquele que é convidado. Quando Deus nos convida para ser um colaborador Dele e cumprir a comissão, Ele faz um convite. Ao fazer isso, coloca o poder em nossas mãos. Às vezes, pensamos que Deus detém todo o poder e é responsável por tudo, mas a verdade é que Ele estendeu todo o poder e a autoridade a nós. Então, se o mundo está uma bagunça e morrendo em seu pecado, de quem é a culpa? Quem é responsável por mudar o mundo? Por convidar o mundo a experimentar o poder transformador de Jesus Cristo? Temos uma responsabilidade nesta missão do céu. Nossa missão é dar ao mundo uma experiência do amor e da salvação de Jesus Cristo.

É por isso que caminhar em seu destino profético é tão importante, porque Deus chamou cada um de nós para um propósito específico, por um tempo específico, por uma razão específica. Fomos convidados para fazer parte do Exército do Senhor e Ele está nos dando tarefas para cumprir em nossas vidas. Alguns de nós talvez estejam no ministério em tempo integral ou não na igreja local; outros podem ser chamados para área dos negócios ou para ficar em casa e criar seus filhos. Cada chamado é importante e necessário para o corpo de Cristo, nada é uma atribuição de segunda classe no Reino.

A verdade é que se as pessoas não ocuparem seus devidos lugares e não cumprirem suas atribuições específicas, todos nós acabaremos perdendo a oportunidade de fazer a nossa parte no belo e poderoso exército que Deus criou. Nossa tarefa é destruir o império das trevas, restaurando a identidade dos filhos e das filhas de Deus Pai. Acredito que podemos ser bons e eficazes nessa tarefa se apenas permanecermos no caminho e na tarefa para a qual Ele está nos chamando.

Embora eu saiba que todos gostaríamos de saber mais detalhes sobre o que fazer e quando fazer, aprendi que Deus revela os detalhes quando embarcamos em nossa jornada profética com Ele. Nosso ponto de partida para o resto de nossa vida é a aceitação de Seu convite.

A recompensa é melhor do que você pensa

Há alguns anos, participei de uma das conferências mais impactantes da minha vida. O evento foi organizado por um amigo meu chamado Nate Edwards, da igreja The Stiring, em Redding, Califórnia.

A conferência é chamada de "PREGADORES" e é um evento de três a quatro dias com cerca de trinta e cinco a quarenta homens e mulheres que procuram crescer em sua pregação e ministério. Esta conferência foi realizada em Redding, Califórnia, em outubro de 2021; eu tinha ouvido falar dela pela primeira vez em janeiro do mesmo ano. No momento em que ouvi o anúncio, senti um convite do Espírito Santo em meu coração para que eu fosse ao evento. Cada vez que eu falava sobre isso com alguém ou até mesmo pensava sobre isso, eu simplesmente começava a chorar. Eu sabia, em meu espírito, que precisava ir. O único problema era que eu morava no Brasil há cerca de quatro anos na época, e é um caminho longo e caro de Florianópolis/Brasil até Redding, Califórnia/EUA. Mas, independentemente do custo, eu sabia que precisava ir. Kesia, minha esposa, me apoiou totalmente e fizemos muitos sacrifícios para que eu voasse até lá e conseguisse o que eu acreditava que Deus tinha para mim. Sinceramente, não sabia o que era, mas sabia que Ele tinha algo para mim. O convite despertou em mim uma curiosidade que só poderia ser saciada indo para lá.

O momento não poderia ter sido pior para minha família, pois tivemos nosso filho Ben Judah em junho de 2021. Naturalmente falando, não fazia sentido eu fazer essa viagem, pois ele estaria apenas com quatro meses de idade e eu teria que ficar longe dele e de minha esposa por mais de uma semana. Mas o convite que senti no espírito foi tão grande que sabia que tinha que ir.

Muitas coisas aconteceram na conferência que não tenho tempo para compartilhar neste livro. Eu cresci mais em minha habilidade de pregação em três dias do que em dois anos de uma escola ministerial. Também na mesma semana, na mesma cidade da conferência, recebi uma palavra profética que moldou parte da minha vida e do meu ministério. No entanto, quando a conferência estava chegando ao fim, eu ainda esperava por mais. Sentia que Deus tinha algo a mais para mim. Eu não queria sair dessa conferência desanimado, mas quando o último pregador estava falando, comecei a ficar frustrado. Será que eu perdi algo? Deus me esqueceu? Vim até aqui para isso? No encerramento da conferência, estávamos todos orando juntos para fechar os últimos momentos. O último pregador a orar por nós decidiu compartilhar um sonho que teve na noite anterior e liberá-lo como uma palavra profética para aqueles a quem se aplicava.

Ele compartilhou que em seu sonho Deus revelou a ele a verdadeira razão pela qual alguns de nós estávamos na escola de Pregadores. Ele disse que no sonho viu um campo gramado e havia homens e mulheres jovens ajoelhados no chão, com figuras escuras atrás deles. Ao olhar mais de perto, ele pôde ver que essas figuras demoníacas sombrias estavam cortando a língua desses rapazes e moças. Ele podia sentir que essas criaturas estavam tentando tirar a voz de uma geração inteira. Ao cortar cada língua, eles estavam removendo de homens e mulheres a capacidade de falarem a verdade do evangelho e até mesmo de clamarem por ajuda. Comecei a chorar quando senti o Espírito Santo se movendo dentro de mim. Então Ele disse: "Eu acredito que isso é para alguém nesta sala. Você pensou que estava aqui para se equipar para pregar uma mensagem melhor, mas Deus trouxe você para ouvir o coração Dele por uma geração inteira!". Quando ele disse isso, senti um raio atingir meu coração e corpo e gritei bem alto, caindo no chão, chorando, em lágrimas.

Percebi, naquele momento, que no mistério de seguir a Deus para uma conferência de "pregadores", Deus estava me dando uma unção para restaurar a voz de uma geração. Meu convite para explorar o mistério do chamado do Espírito me preparou para receber outro capítulo em meu destino profético, outro ponto no mapa que o Espírito Santo estava me guiando.

Veja, o inimigo ODEIA o profético, porque o profético dá ao povo de Deus uma voz de encorajamento e esperança. Ele está fazendo tudo o que pode para matar, roubar e destruir uma geração de pessoas, silenciando-as.

Você tem que entender isso: Deus irá convidá-lo para o mistério, para alinhá-lo com o Seu propósito.

O seu ministério é muito mais do que você faz, é o que você é!

Quando você cumpre seu destino e chamado profético, você dá voz a uma geração de pessoas que tiveram suas vozes roubadas.

Quando você aceita o convite, Deus Pai lhe dá a unção necessária para entrar em sua verdadeira identidade, chamado, propósito, e destino.

Quero encorajá-lo a aceitar o convite que Deus nos faz, mesmo quando você não entende. Vale a pena.

Inspirado por heróis

Todos nós temos heróis e a maioria de nós quer ser como eles. Alguns de meus heróis pessoais no ministério são Bill Johnson, da Bethel Church em Redding/CA, Todd White, do ministério Lifestyle Christianity, João Batista e até mesmo o Apóstolo Paulo. E por mais que eu seja encorajado por esses homens e inspirado por seus testemunhos e por como eles viveram suas vidas, na verdade eu sou Andy Frasure e não outra pessoa. O que sou chamado a fazer pode parecer um pouco com aqueles que me inspiram. Meu chamado pode se parecer um pouco com o chamado do Bill, talvez um pouco com o do Todd ou de João Batista, mas deve sempre se parecer comigo e se originar da minha identidade em Cristo Jesus , de quem Deus Pai me fez.

Quem eu sou em Cristo é muito mais importante do que o que eu posso fazer ou tentando ser igual a uma outra pessoa.

Adoro uma frase que o pastor Bill Johnson disse: "Posso orar por você e estender a você a graça que Deus me deu em minha vida. Por exemplo, posso orar por cura e para que você receba o poder de cura através da unção que carrego. Mas há uma coisa que não posso lhe dar por meio de oração ou da transferência de unção, que é a minha história com Deus. Você e somente você é responsável por construir isso sozinho".

Em essência, a mensagem deste livro é para isso: para chamá-lo a iniciar ou mesmo continuar sua jornada em Cristo e construir sua história pessoal com Deus. Este livro deve conectar alguns pontos em sua vida, talvez deva explicar seu processo atual ou pode até ser o começo de um novo capítulo. O que você obterá através deste livro será diferente de todas as outras pessoas que o lerem, e é assim mesmo que deve ser, pois o Espírito Santo pega a verdade que você precisa ouvir e a revela a você. Essa é a beleza de construir a sua história com Deus. Deus colocou coisas únicas dentro de você que ninguém mais tem. Nós, como corpo de Cristo, precisamos que você seja você, não precisamos que você seja uma cópia de outra pessoa.

Infelizmente, todos nós cansamos ao longo da jornada. Ficamos frustrados e alguns até desistem porque a vida fica difícil. Quero lembrá-lo de que a vida, de modo geral, é difícil. Ser rico é difícil porque você precisa proteger seu dinheiro, mas ser pobre também é difícil porque você está sempre procurando dinheiro para sua próxima refeição. Trabalhar é difícil porque você é obrigado a fazer o que os outros mandam, mas também ter seu próprio negócio é difícil por causa do estresse que é administrar uma empresa. Ser gordo é difícil porque você não tem energia e sente dores no corpo, mas estar em forma física também é difícil porque exige esforço, trabalho e disciplina.

A vida, em geral, é difícil, mas é absolutamente mais difícil quando você se recusa a seguir a direção que Deus o convidou a seguir. Escolha o seu difícil.

Jesus disse: "Você enfrentará problemas de vários tipos, mas tenha esperança porque eu venci o mundo." (João 16:33).

Acima de tudo, mantenha a esperança viva em sua vida e em sua jornada, pois a esperança pode mudar tudo. Como diz Steve Backlund: "não existem situações sem esperança, apenas pessoas sem esperança". Mantenha a esperança viva.

Construindo para uma geração que você nunca conhecerá

Um dos atributos de uma mentalidade próspera é que você pensa no futuro e tem um plano para deixar prosperidade geracional para seus descendentes. Eu acredito que esta, também, é uma mentalidade do Reino. Nem sempre sou encorajado pela mentalidade existente dentro de algumas igrejas, que às vezes parece ser o oposto disso. Nossa mentalidade ou crença na igreja às vezes é de curto prazo, e oramos para que Jesus volte durante nosso tempo de vida aqui na terra para que não tenhamos que ter um plano para o futuro.

Sinceramente, acredito que isso é um erro, independentemente de Jesus voltar em nosso tempo de vida ou não. A Bíblia nos lembra que um homem sábio deixa uma herança para os filhos de seus filhos (Provérbios 13:22).

Parte de seu destino profético é deixar uma herança para seus filhos e para aqueles que você é chamado a influenciar. Este é o seu legado e é um princípio do Reino causar impacto em uma geração que você nunca conhecerá.

Temos a responsabilidade de influenciá-los a correr atrás de Jesus de todo o coração, toda a alma, mente e força. Incentivá-los a amar a Deus e amar as pessoas.

Acredito que devemos estar construindo algo maior do que nós mesmos, deixando um legado para as gerações futuras. Acredito que somos chamados a ser pioneiros em nossas famílias e no mundo, abrindo caminho para que outros sigam atrás de nós. Acredito que, como disse o Aurélio, do filme O Gladiador, "o que fizermos nesta vida ecoará por toda a eternidade".

Você deve sempre lembrar que seu destino profético é maior que você! O que Deus lhe deu para fazer é maior do que apenas seu nome, sua família ou seus desejos. Ele fez de você quem você é para impactar uma geração e expandir Seu Reino para as gerações vindouras.

Talvez você seja um empresário que profetizará na vida de seus funcionários e mudará a história deles. Talvez você trabalhe para uma empresa e profetize na vida de seus colegas de trabalho. Talvez você seja uma mãe que fica em casa e cuida dos filhos, suas declarações proféticas moldarão o futuro deles e quem eles serão no Reino.

Alguns de vocês podem até ser chamados para o ministério integral e podem até ser chamados para ser e ter o Ofício de Profetas na igreja. Independentemente disso, você é chamado para inspirar, fortalecer e encorajar esta geração e a próxima. Você foi chamado para construir grandes coisas que sobreviverão a você!

"Uma sociedade cresce quando os velhos plantam árvores em cuja sombra nunca se sentarão." - Provérbio Grego

Ativando sua vida profética

Aprendi que as pessoas frequentemente precisam de três coisas antes de partirem para seu destino profético. Precisam, primeiro, entender que Deus Pai tem um plano para elas e que podem consultá-Lo para obter Sua orientação. Em segundo lugar, precisam ter permissão para amar os outros e se arriscar em profetizar e aprender a como e ouvir a voz de Deus. Por fim, precisam ativar pessoalmente sua fé e seguir em frente.
Deus o chamou para andar em poder e autoridade no profético, mas você deve dar um passo de fé e seguir em frente.

Posso impor minhas mãos sobre você e orar por você, todos os seus heróis na fé podem fazer o mesmo, mas um dia você precisará dar um passo de fé e correr riscos. Um dia você precisará parar de apenas ler sobre o que Deus pode fazer e realmente fazer parceria com o que Ele quer fazer através de você.

Muitas vezes as pessoas fogem daquilo para o qual Deus as está convidando. Esta fuga não é apenas catastrófica para você, é catastrófica também para todos aqueles a quem você foi chamado a alcançar.

Honre aquilo para o qual Deus está te chamando em vez de fugir com medo. Quando criança, as pessoas não entendiam por que eu queria servir no exército e ir para a guerra. Mas sempre quis ser fuzileiro naval porque "eles correm em direção ao som dos tiros". Quando há um problema e há um inimigo, os fuzileiros navais são os primeiros a lutar. Você foi chamado para fazer parte da linha de frente do exército de Deus, Seu povo profético. Não fuja do seu destino divino! Deus Pai, Jesus e o Espirito Santo já estão lá, e Ele espera por você!

CONSIDERAÇÕES FINAIS

Minha oração e meu desejo é que você seja encorajado nesta jornada e inspirado a continuar. Não importa o que aconteça: sejam falhas, desafios ou qualquer outra coisa, oro para que você não desista de sua missão, mas, como diz o apóstolo Paulo, "prossiga para o prêmio que se encontra em Cristo Jesus".

Eu estava ouvindo um podcast há alguns anos e eles estavam entrevistando o técnico de futebol americano que ganhou mais partidas do que qualquer outro técnico na história do esporte. Eles perguntaram a ele: "Treinador, você ganhou mais jogos do que qualquer outro na história do mundo e fez isso em todos os níveis. Você foi um treinador de crianças, um treinador de adolescentes, um treinador universitário e até mesmo da liga profissional. Você tem mais vitórias do que qualquer outra pessoa e levará muito tempo até que alguém quebre seu recorde. Qual é a sua instrução secreta?" Pude ouvir a risada do treinador no podcast… e ele respondeu: "Apenas acredito que vou vencer, então venço". Houve uma pequena pausa e o entrevistador disse: "Sim, essa de fato é uma ótima instrução, mas qual é a fórmula, qual é o segredo? Como você faz isso?" Mais uma vez o treinador riu e disse: "Eu acabei de te dizer, sempre acredito que vou vencer e assim o faço". O entrevistador agora ficando um pouco frustrado pergunta novamente: "Sim, isso é bom treinador, mas qual é o seu segredo? Porque você sabe que na verdade, você já perdeu alguns jogos em sua vida, então nem sempre ganha todos. O que você faz quando perde?" Rindo mais uma vez, o treinador disse: "É muito estranho se eu perder, porque acredito que sempre vou ganhar!".

O Espírito Santo está falando com você agora: "Nós sempre vencemos". A realidade, meu amigo e minha amiga, é esta: "Você vencerá se simplesmente não desistir". Sua jornada profética ainda está à sua frente e pode parecer uma tarefa longa e desconhecida, mas o Espírito Santo é seu guia. Você não está sozinho e tem um Pai no céu torcendo por você e irmãos e irmãs aqui torcendo por você também. Deus acredita em você e eu também. O convite é alto e claro: Deus Pai está te chamando para entrar em seu destino profético, e você é o único que pode responder ao Seu convite. E ai, como você responderá?